智慧物流

韩东亚　余玉刚　编著

中国财富出版社

图书在版编目（CIP）数据

智慧物流／韩东亚，余玉刚编著．—北京：中国财富出版社，2018.7（2024.8重印）
ISBN 978－7－5047－6659－5

Ⅰ．①智… Ⅱ．①韩… ②余… Ⅲ．①互联网络—应用—物流管理 ②智能技术—应用—物流管理 Ⅳ．①F252－39

中国版本图书馆 CIP 数据核字（2018）第 112680 号

策划编辑	郑欣怡	**责任编辑**	邢有涛　郑泽叶		
责任印制	尚立业	**责任校对**	孙丽丽	**责任发行**	敬　东

出版发行	中国财富出版社		
社　　址	北京市丰台区南四环西路 188 号 5 区 20 楼	**邮政编码**	100070
电　　话	010－52227588 转 2098（发行部）		010－52227588 转 321（总编室）
	010－52227566（24 小时读者服务）		010－52227588 转 305（质检部）
网　　址	http://www.cfpress.com.cn		
经　　销	新华书店		
印　　刷	北京九州迅驰传媒文化有限公司		
书　　号	ISBN 978－7－5047－6659－5/F・2889		
开　　本	710mm×1000mm　1/16	**版　　次**	2018 年 7 月第 1 版
印　　张	13.5	**印　　次**	2024 年 8 月第 4 次印刷
字　　数	214 千字	**定　　价**	49.00 元

序

物流业作为支撑国民经济发展的基础性、战略性、先导性产业，是社会主义现代化强国的必备条件。党的十九大报告指出："加快建设制造强国，加快发展先进制造业，推动互联网、大数据、人工智能和实体经济深度融合，在中高端消费、创新引领、绿色低碳、共享经济、现代供应链、人力资本服务等领域培育新增长点、形成新动能。"这一重要论断不仅对现代物流业发展提出了更高的要求，也为其未来发展指明了方向。党的十九大开启了中国特色社会主义建设的新时代，物流业也从传统物流发展到现代物流，并加快向智慧物流发展演进。随着物流业加快与制造业、商贸业联动发展，加强与互联网深度融合，带动新技术、新模式、新业态不断涌现，智慧物流应运而生，为物流业转型升级开辟了新的路径。

党和国家高度重视智慧物流发展。2016 年，国务院常务会议把"互联网+"高效物流纳入国家"互联网+"行动计划当中，国家发展改革委出台了《"互联网+"高效物流实施意见》，为智慧物流的起步和发展奠定了政策基础。国家发展改革委开展了智能化仓储物流示范和骨干物流信息平台试点，交通运输部组织无车承运人试点和智慧港口示范，工业和信息化部支持智能物流发展，商务部开展智慧物流配送示范等工作，为智慧物流发展营造了良好的政策环境。可以预测，未来一段时期，我国将从"物流大国"进入"物流强国"的新阶段，更好满足现代化经济体系建设和人民日益增长的物流服务需求。智慧物流将在推进行业质量变革、效率变革、动力变革等方面发挥重要作用，成为推进物流降本增效的重要途径，加快建设制造强国的有效支撑，经济迈入高质量发展阶段的基础保障。

当前，我国智慧物流正处在蓬勃发展的成长期，《智慧物流》一书的出版，可以说恰逢其时。本书内容从智慧物流的基本概念到发展历程，从智慧物流园区、平台到智慧物流产业、技术等，进行了系统详实的论述，脉络架构清晰，概念界定客观，为智慧物流发展给出了颇具见解的对策建议，凸显了智慧物流发展的前沿，把新技术、新趋势、新成果反映在书中。同时，选取了智慧物流领域具有典型、代表性的案例和技术产品的应用实例，为本书增添了不少亮点。

本书由中国物流学会副会长韩东亚，中国科学技术大学管理学院执行院长余玉刚教授主持编写。两位专家长期致力于现代物流实践和理论研究，在智能仓储系统、供应链物流、智慧物流方面取得了诸多可喜的创新成果。在承担中国物流学会重大课题《智慧物流发展战略与政策研究》期间，多次组织该领域专家、学者开展智慧物流方面的研讨。该书几经论证和修缮，足见其对学术研究的敬重和严谨。这些都为《智慧物流》一书的出版夯实了基础。

是为序。

中国物流与采购联合会会长　中国物流学会会长

国际采购与供应管理联盟主席

何黎明

2018.6.6

目　录

1　智慧物流发展背景与基本概念

1.1　智慧物流发展背景

近年来，中国物流快速发展，2017 年全国社会物流总额达到 252.8 万亿元，比上年增长 6.7%；快递业发展迅速，2017 年全国快递服务企业业务量累计完成 400.6 亿件，同比增长 28.0%（见图 1-1）；业务收入累计完成 4957 亿元，同比增长 23.1%（见图 1-2）。中国已经成为全球第一网购和快递大国。

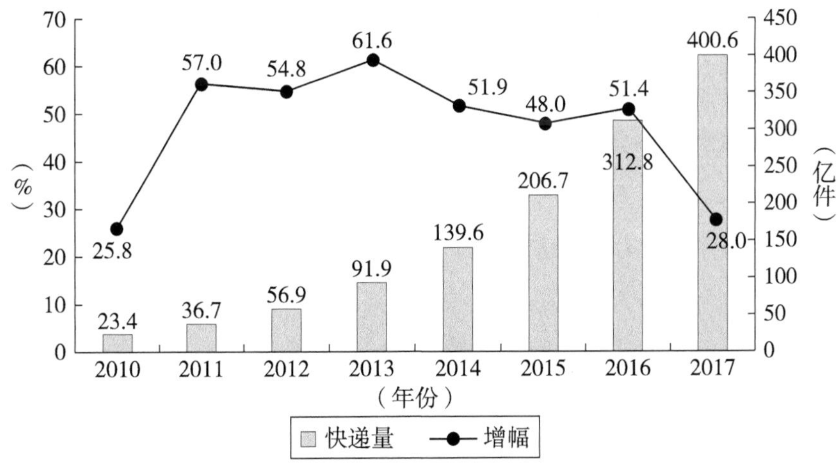

图 1-1　2010—2017 年快递服务企业业务量情况

"十二五"后期，我国经济增长速度放缓，中央提出以"去产能、去库存、去杠杆、降成本、补短板"为主要任务的供给侧结构性改革，物流行业也面临着低端供给过剩和高端供给不足的问题，具体表现为物流成本高、服

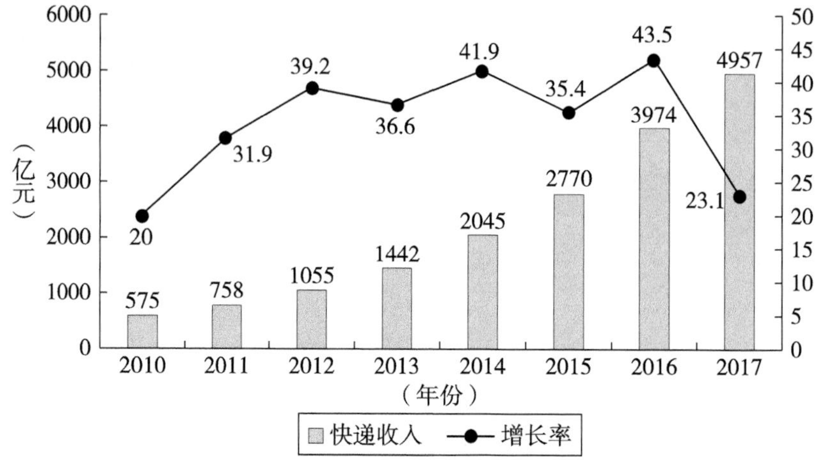

图 1－2　2010—2017 年快递业务收入情况

务效率低、服务质量差。与此同时，国民经济对现代物流的需求也发生了根本性改变，传统粗放式发展的物流行业已经逐步满足不了社会需求，物流行业面临着转型升级的抉择和压力。

随着智慧地球、智慧城市等概念的提出，以及云计算、大数据、互联网等技术的快速发展，物流行业逐步向智能化和自动化发展。微观物流层面上为满足企业成本、利润与服务质量方面的要求以及宏观物流层面上社会对自然资源和社会资源低消耗量的诉求，企业在寻找解决这些问题的途径中，也逐步形成了发展智慧物流的强烈愿望。在自上而下和自下而上两种力量的共同作用下，智慧物流作为现代物流发展的必然趋势，成为了各界关注和研究的重点。

统计数据显示，2017 年全国物流业总收入达 8.8 万亿元，同比增长 11.5%。值得注意的是，作为衡量物流效率的重要指标，我国社会物流总费用与 GDP（国内生产总值）的比率从 2015 年的 16%、2016 年的 14.9%，进一步下降到 2017 年的 14.6%，效率逐年提升。基于市场和效率双提升，2017 年 12 月中国物流景气指数达 56.6%（全年均值为 55.3%，始终保持在 50% 以上的景气区间）。

“科技和资本正在助推物流行业提质增效、做大做强”，尤其是互联网与物流业的深度融合，让智慧物流呈现蓬勃发展态势。互联网与供应链融合的智慧供应链将成为下一轮竞争的焦点，有望形成一批上下游协同、智能化连接、面向全球的现代供应链示范企业和服务平台。

在技术的基础支撑和政策的引领下，智慧物流得到了初步发展，但是智慧物流作为新兴业态，它在理论基础和实践层面均处于探索阶段，有必要系统研究智慧物流。

1.2 什么是智慧物流

1.2.1 智慧物流的基本概念

IBM（国际商业机器公司）于2009年提出了建立一个面向未来的，具有先进、互联和智能三大特征的供应链。通过感应器、RFID（射频识别）标签、制动器、GPS（全球定位系统）和其他设备及系统生成实时信息的“智慧供应链”的概念，紧接着“智慧物流”的概念由此延伸而出。与智能物流强调构建一个虚拟的物流动态信息化的互联网管理体系不同，“智慧物流”更重视将物联网、传感网与现有的互联网整合起来，通过精细、动态、科学的管理，实现物流的自动化、可视化、可控化、智能化、网络化，从而提高资源利用率和生产力水平，创造更具有综合内涵的社会价值。

国内较早关于“智慧物流”的说法，是由中国物流技术协会信息中心联合几家单位于2009年12月提出的，其指出智慧物流是利用集成智能化技术，使物流系统能模仿人的智能，具有思维、感知、学习、推理判断和自行解决物流中的某些问题的能力，它包含了智能运输、智能仓储、智能配送、智能包装、智能装卸及智能地获取、加工和处理信息等多项基本活动。

2010年，在物联网的时代背景下，北京邮电大学李书芳教授指出，智慧物流是在物联网的广泛应用基础上，利用先进的信息采集、信息处理、信息流通和信息管理技术，完成包括运输、仓储、配送、包装、装卸等多项基本活动的货物从供应者向需求者移动的整个过程。为供方提供最大化利润，为需方提供最佳服务，同时消耗最少的自然资源和社会资源，最大限度地保护好生态环境的整体智能社会物流管理体系。

2011 年，国家发展和改革委员会综合运输研究所所长汪鸣认为，智慧物流是指在物流业领域广泛应用信息化技术、物联网技术和智能技术，在匹配的管理和服务技术的支撑下，使物流业具有整体智能特征、服务对象之间具有紧密智能联系的发展状态。贺盛瑜等学者从管理视角出发，认为智慧物流是物流企业通过运用现代信息技术，实现对货物流程的控制，从而降低成本、提高效益的管理活动。IBM 中国区副总裁王阳则从资源和成本视角指出，智慧物流是把所有物流企业的物流信息汇总到一个平台上，进行集中分析，对运输车辆进行科学排序，合理调度使用，从而减少空载率，降低物流成本，提高物流效益的管理活动。

2012 年，邵广利在综述相关研究的基础上，指出智慧物流是将物联网、传感网与互联网整合，运用于物流领域，实现物流与物理系统的整合网络。在这个整合的网络当中，存在能力超级强大的中心计算机群，能够对整合网络内的人员、机器、设备和基础设施实施实时的管理和控制。在此基础上，人类可以以更加精细和动态的方式管理物流活动，使得物流系统智能化、网络化和自动化，从而提高资源利用率，使生产力水平达到“智慧”状态。

2017 年，中国物流与采购联合会（简称“中物联”）和京东物流联合发布《中国智慧物流 2025 应用展望》，书中提出智慧物流是通过大数据、云计算、智能硬件等智慧化技术与手段，提高物流系统思维、感知、学习、分析决策和智能执行的能力，提升整个物流系统的智能化、自动化水平，从而推动中国物流业的发展，降低社会物流成本、提高效率。

当前各界对智慧物流的概念，主要是基于物联网技术视角进行阐述，既缺少从国家战略、现代物流产业链等宏观层面的定义，也缺少对智慧物流商业运作模式、公共管理体系、核心竞争力的分析。

为此，我们在总结前人研究成果的基础上，综合考量个体与总体、先进技术与物流体系、物流发展与经济等方面的关系后，提出：智慧物流是指利用信息化和智能化的技术与方法，使物流系统中的个体与总体具有感知、传导、分析判断、决策、执行和通过学习自行解决物流中某些问题的能力，从而有效地实现和其他经济与社会系统的协同，并最终服务于整个经济与社会系统的可持续改进和优化的物流体系。智慧物流的基本概念如图 1－3 所示。

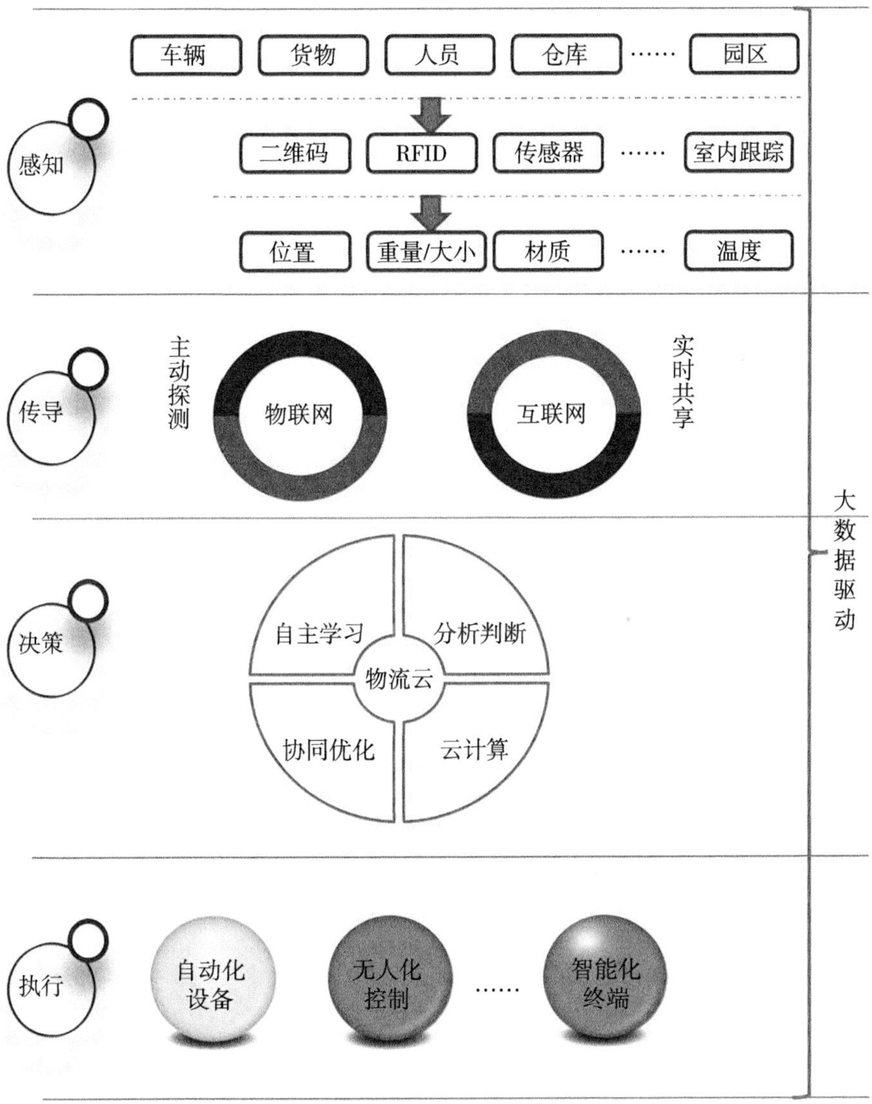

图 1－3 智慧物流的基本概念

1.2.2 智慧物流的内涵

智慧物流包含了两层含义，一是物流通过先进技术实现信息化和智能化，这是“物流＋智慧”的过程；二是大数据和智能技术嵌入物流后，将传统的物流产业转型升级为新的形态，在技术、业态、模式等方面都出现了变革，这是“智慧＋物流”的过程。

1. 智慧物流的内涵

（1）具有感知和规整智慧。智慧物流能够运用各种先进技术获取生产、包装、运输、仓储、装卸搬运、配送、信息服务等各个层面的大量信息。实现实时数据收集，使各方能准确掌握货物、车辆和仓库等方面的信息。将收集的数据进行归档，建立强大的数据库。分门别类后，使各类数据按要求规整，实现数据的动态性、开放性和联动性使用。并通过对数据和流程的标准化，推进跨网络的系统整合，从而实现感知和规整智慧。

（2）具有学习和推理智慧。通过对以往模型的分析，智慧物流可以从数据中训练出更加“聪明”的解决方案，随着系统中知识量的不断增加，可以越来越多地避免以前出现过的问题，实现更加优化的决策，由此使自己不断趋于完善，从而实现学习和推理智慧。

（3）具有优化决策和系统支撑智慧。运用大数据、云计算以及人工智能等技术，对物流的各个环节进行评估，对资源进行整合优化，使每个环节都能相互联系、互通有无、共享数据、优化资源配置，从而为物流各个环节提供最强大的系统支持，使得各环节协作、协调、协同。根据系统各部分不同的需求，对系统进行自适应调整，降低人力、物力和资金成本，提高服务质量，从而实现决策和系统智慧。

2. 智慧物流的架构

（1）先进技术是智慧物流的保障。物联网技术是智慧物流的基础，互联网与移动互联网是智慧物流的中枢系统，大数据、云计算是智慧物流的大脑，智慧物流技术装备是智慧物流的骨架。只有应用以互联网、大数据、云计算、人工智能等为代表的先进技术，才能实现智慧物流的感知智慧、规整智慧、学习智慧、推理智慧、决策智慧和系统智慧。

（2）物流体系是智慧物流的基础。智慧物流系统的实现离不开集物流、信息流、资金流、业务流为一体的现代物流体系，现代物流体系提供配套的物流运作和管理，实践证明，如果没有良好的物流运作和管理水平，盲目发展物流信息化，不仅不能降低物流成本，反而会适得其反。只有拥有完善的现代物流体系，才能实现智慧物流的系统智慧，发挥协同、协作和协调效应。

（3）有效融合是智慧物流的核心。先进技术与现代物流体系的有效融合并发生化学反应，这种化学反应既可能导致新的应用技术，也可能会对现代物流体系框架进行重塑。

1.2.3 智慧物流的主要表象

智慧物流的主要表象如图 1－4 所示。

（1）互联互通。

智慧物流的基础是建立实体物理世界的互联互通。物流人员、装备设施以及货物将全面接入互联网，实现彼此之间的互联互通。同时，通过信息系统建设、数据对接协同和手持终端普及，可实现物流数据的可采集、可录入、可传输、可分析，物流活动数字化。物流系统中各参与方的动态感知和智能交互，实现物流作业高效率、低成本。

（2）协同共享。

智慧物流的核心是协同共享，这是信息社会区别于传统社会，并将爆发出最大创新活力的理念源泉。协同共享理念克服了传统社会的产权所有观念，通过分享使用权而不占有所有权，打破传统企业边界，深化企业分工协作，实现存量资源的社会化转变与闲置资源的最大化利用。

（3）高效可靠。

智慧物流依靠物联网、大数据、云计算等先进技术，基于全局优化的智能算法，调度整个物流系统中各参与方高效分工协作。智慧物流依托智能化设备进行各种操作，区别于传统物流的人工操作，更加高效可靠。智慧物流未来能够采用大数据及模拟仿真等技术来研究确定如何实现最优的仓储、运输、配送网络布局的能力，基于历史运营数据及预测数据的建模分析、求解与仿真运行，更加科学、合理地确定每类商品的库存部署，并解决分拣中心、配送站的选址和产能大小等一系列相关联的问题。

（4）智能决策。

智慧物流利用大数据、云计算等先进技术，结合特定需要，根据不同的情况评估成本、时间、质量、服务、碳排放和其他标准，评估基于概率的风险，进行预测分析，协同决策，提出最合理有效的解决方案，使做出的决策更加准确、科学，从而实现智能决策。

（5）持续改进。

智慧物流能够自主学习、积累经验、持续改进物流作业输出方案，不断探索物流运作新模式。智慧物流能够实现系统实时更新。反馈是实现系统修正、系统完善必不可少的环节。反馈贯穿于智慧物流系统的每一个环节，为物流相关作业者了解物流运行情况，及时解决系统问题提供强大的保障。

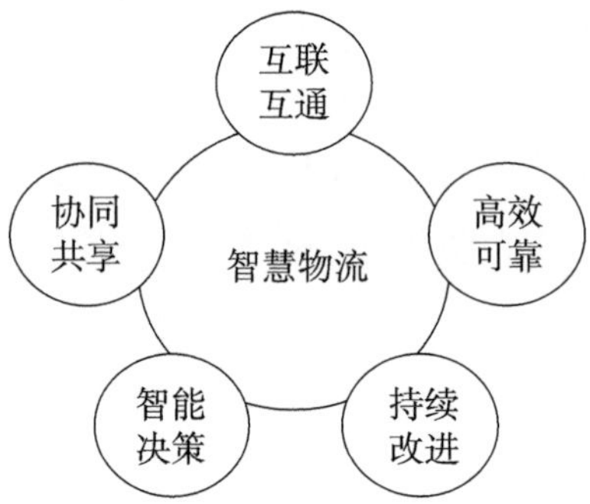

图1-4　智慧物流的主要表象

1.2.4　智慧物流的应用场景

智慧物流的应用场景多种多样，比较典型的有智慧配送、智慧堆场、智慧港口和智慧码头等。随着新技术的不断运用，智慧物流进入无人仓、无人港、无人车、无人机、无人运输的“无人”物流时代。

从物流流程的角度来看，智慧物流的应用场景越来越体现出智能化、一体化、柔性化和社会化的特点，即在智慧物流作业过程中的大量运筹与决策的智能化；以物流管理为核心，实现物流过程中运输、存储、包装、装卸等环节的一体化；智慧物流的发展会更加突出“以顾客为中心”的理念，根据消费者需求变化来灵活调整生产工艺，体现柔性化；智慧物流的发展将会促进区域经济的发展和世界资源优化配置，实现社会化。智慧物流的应用场景如图 1－5 所示。

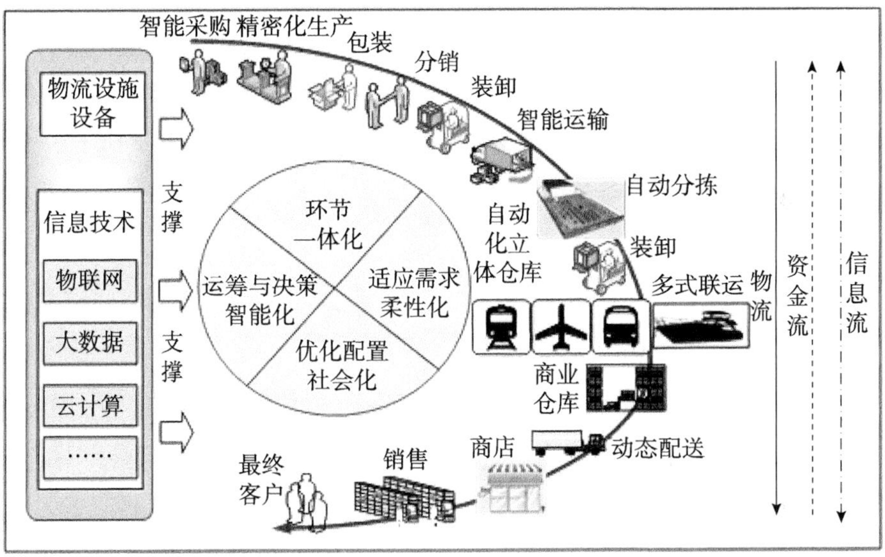

图 1－5 智慧物流的应用场景

从物流信息化建设的角度来看，随着物流信息服务和物流交易平台向着更加综合性和专业性的方向发展，智慧物流的一个新型应用场景——“智慧物流园区”应运而生。智慧物流园区以物流信息化平台为核心运营纽带和依托，基于物流信息化平台的支撑构建物流园区新的运营服务体系，通过整合有形资源和无形资源，提供增值服务，实现模式创新。

从物流信息的匹配角度来看，随着互联网的发展，供应链的核心逐步转向生产效率更高、技术更为先进的企业，随后移动化和数据化把平台经济推升到了前所未有的高度，互联网平台通过业务在线化和数据挖掘，能够促进供需双方精确匹配，缩短供需对接环节，提高效率，同时也能改善供需信息不对称等带来的问题。

1.3 智慧物流的地位及作用

1.3.1 智慧物流的地位

（1）智慧物流是《中国制造 2025》的重要支撑。

《中国制造 2025》，是我国实施制造强国战略第一个十年的行动纲领，就是使“中国制造”加速向“中国智造”转型，实现中国的第四次工业革命。智慧物流在智能制造工艺中有承上启下的作用，是连接供应、制造和客户的重要环节。智慧物流中智慧仓储和物流技术的引入，可以帮助传统制造企业更加精准、高效地管理仓储，以及零件、半成品和成品的流通；有效降低物流成本、缩短生产周期，在激烈的竞争中保持领先地位。此外，随着物流成本降低，产品流通的地域将更加广泛，覆盖更多的受众群体。并根据不同区域的特殊情况形成细分市场，进而影响到企业的产品、运营和营销。智慧物流通过建立互联化的供应链体系，能够有效地服务于《中国制造 2025》，通过更新管理理念、应用新的供应链技术，提升制造水平，推动制造大国走向制造强国。同时，智慧物流是整个商业链、供应链协同平台的基础设施，智慧物流基于大数据协同，未来将深刻地改变零售、制造等领域，贯穿“五新”（新零售、新制造、新金融、新技术和新能源）。

（2）智慧物流是智慧城市的重要组成部分。

智慧城市是城市信息化的必然产物，其核心是利用信息技术把城市的各种信息加以汇集、分析和应用，提高城市管理水平与居民生活的智能化。物流产业连接着城市的生产、流通和消费等各个环节，可以说智慧物流是智慧城市的重要组成部分，也是智慧城市建设的重要突破口。物流市场不规范、物流运作不集约，使物流成本居高不下，交通运输拥堵，生活质量下降。“智慧物流”在“智慧城市”的建设中，应当放在优先发展的位置，实现交通管理、共同配送、运输装备三大突破。

（3）智慧物流是物流业转型升级的必由之路。

2014 年我国物流成本在 GDP 占比约为 18%，而同期发达国家中美国物流成本占 GDP 的比重不足 9%。虽然 2016 年我国物流成本占 GDP 的比重同比降低了两个百分点，但整体上仍然比欧美日等国高出约一倍，物流成本显著偏高，制约了社会经济的发展。物流发展亟待降本增效。智慧物流利用大数据、云计算和物联网等新技术，通过物流、资金流及信息流的融合创新，加上大数据分析、智能分仓、车货匹配等手段，以及市场服务、物流运作的全面透明化等方式，将加快传统物流的模式变革，通过降本增效、提升服务，为推动物流业转型升级提供强大动能。

1.3.2 智慧物流的作用

（1）搭建持续改进的物流生态系统。

智慧物流的建设，将加速当地物流产业的发展，成为集仓储、运输、配送、信息服务等多功能于一体的物流生态系统，打破行业限制，协调部门利益，实现集约化高效经营，优化社会物流资源配置。同时，将物流企业整合在一起，将过去分散于多处的物流资源进行集中处理，发挥整体优势和规模优势，实现传统物流企业的现代化、专业化，并与之形成互补关系。此外，这些企业还可以共享基础设施、配套服务和信息，降低运营成本和费用支出，获得规模效益。

（2）促进物流降本增效。

智慧物流能够大大降低第二产业中的制造业等行业的成本，如生产商、批发商和零售商三方利用智慧物流达到信息共享、相互协作，能够降低物流各环节企业成本，提高利润。

智慧物流的平台搭建会衍生出很多平台服务。随着技术的发展，智慧物流关键技术诸如无线定位、物体标识及标识追踪等新型信息技术的应用，能够有效实现物流的智能调度管理，加强物流管理的科学化，从而降低物流成本、减少流通费用、增加企业利润、提高物流效率。

当前，我国物流企业中，企业与上下游企业之间的信息不能有效互通，从而使流通环节过多，导致流通成本过高。智慧物流的发展将有助于解决这个瓶颈问题，实现流通、管理与决策的优化，降低企业物流成本，提高物流效率。

（3）促进产购销融合。

随着 RFID 在物流中的普及，物与物之间形成互联互通，这将给企业的物流环节、生产环节、采购系统与销售环节的智能融合打下基础。同时网络的融合必将推动智慧生产与智慧供应链的融合，从而使企业物流完全智慧地融入企业经营之中，打破工序、流程界限，打造智慧企业。

智慧物流的实施有利于加快企业物流运作与管理方式的转变，提高物流运作效率与产业链协同效率。智慧物流比传统物流消耗的资源少，能够提高产品竞争力，促进供应链一体化进程，有利于解决物流领域信息沟通不畅、专业化水平低、市场响应慢、成本高、规模效益差等问题，从而提高企业在物流方面的竞争力，构筑企业新的经济增长点。

（4）促进当地经济发展。

智慧物流集多种服务功能于一体，体现了现代经济运作特点的需求，即强调信息流与物流快速、高效、通畅地运转，从而降低社会成本，提高生产效率，整合社会资源。

1.4 智慧物流迈入新时代

一说到《中国制造 2025》，很多人便立即想到“德国工业 4.0”。2013 年 4 月，德国政府正式推出“工业 4.0”战略，而在 2015 年 3 月，中华人民共和国国务院印发《中国制造 2025》计划，加速“中国制造”向“中国智造”转型。德国弗劳恩霍夫物流研究院院长米夏埃尔·腾·洪佩尔（Michael ten Hompel）指出，物流是任何行业运作成败最具决定性的因素，没有物流就没有工业 4.0，因此工业 4.0 时代其实就是物流 4.0 时代，这场革命的本质就是物流的革命。

于是，智慧物流作为《中国制造2025》的重要基石，迎来了重要发展机遇。《中国制造2025》中与物流业相关的论述就有12处，主要集中在关键技术装备研发与推广、智慧物流标准体系的建立、发展多种形式的高效便捷物流产业新模式等方面，这将有效推动智慧物流的发展，促进物流与制造、商贸、金融等的互动融合。

国家高度重视智慧物流的发展，出台了一系列政策鼓励发展智慧物流，2016年国务院常务会议把“互联网+”高效物流纳入“互联网+”的整个国家行动计划当中，国家发改委出台了《“互联网+高效物流”实施意见》（发改经贸〔2016〕1647号），为智慧物流的起步和发展创造了政策基础。

十九大报告旗帜鲜明地提出我国经济的发展方向，即“由高速增长阶段转向高质量发展阶段”“必须坚持质量第一、效益优先，以供给侧结构性改革为主线，推动经济发展质量变革、效率变革、动力变革，提高全要素生产率，着力加快建设实体经济与科技创新、现代金融、人力资源协同发展的产业体系”。加快建设制造强国，加快发展先进制造业，推动互联网、大数据、人工智能和实体经济深度融合，在现代供应链领域培育新增长点、形成新动能。

2018年两会上，“快递”再入政府工作报告，物流发展迎来重大利好。从2014年首次提出快递业发展，到2018年提出推动快递健康发展，这已经是快递连续第五年登上政府工作报告。而智慧物流是推进制造强国战略的重要支撑，是推进物流业降本增效的重要途径，是“高质量发展”的具体体现，将在质量、效率、动力等方面深刻地影响物流行业的变革。

未来一段时期，我国物流业将进入以质量和效益提升为核心的新的发展阶段，必须坚持深化供给侧结构性改革，降低全产业链物流成本，提高物流供给质量，做好降本增效“减法”，不断增强实体经济竞争力；必须坚持效率改进，质量提升和创新驱动，积极引入新技术、新模式、新理念，提高全要素生产率，做好转型升级“加法”，逐步释放行业发展新动能。

2　智慧物流的发展历程及趋势

2.1　国外智慧物流发展概况

2.1.1　国外智慧物流发展历程

当前，国外智慧物流的研发应用主要集中在欧美日韩等少数发达国家，智慧物流的发展一般包括两个方面：一方面是运输技术的发展，例如，物流配送设施与技术的发展；另一方面是通信技术的进步，例如刚开始的条码和RFID等技术在超市、商场等零售和物流领域的应用，以及后来的传感技术、通信技术、计算机技术等的不断革新，促进了智慧物流的发展。

（1）欧盟：政府和协会引领智慧物流发展。

欧盟十分注重发挥政府和协会的顶层设计作用。同时，欧盟对智慧物流的发展有两个举措，一个是发展多式联运，另一个是部署信息通信系统。

在多式联运发展方面，早在1990年，欧盟委员会就通过了首个关于全欧网络的行动计划。1996年7月，欧洲议会及欧洲理事会决定开始实施全欧交通网络计划（简称TEN－T）。目的是衔接各国主要的公路、铁路、内河航道、机场、港口、交通管理系统，消除跨国运输的瓶颈。

近年来，关于欧盟多式联运的发展，谭小平在第十三次中国物流学术年会上做了总结。他提出，欧盟在2001年的《面向2010年的欧盟运输政策：时不我待》中要求构建欧洲一体化多式联运系统；而在2011年的《迈向统一欧洲的运输发展之路：构建更有竞争力、更高能效的运输系统》中，又要求通过发展多式联运把更多公路货运转向铁路和水运。

除此之外，欧洲还有一个多式联运公共信息平台，平台管理者可以在上面发布实时信息，提供多式联运的选择方式，并且提供一些标准化的市场数据。提供的数据一般包括运送商品名称、预约时间和签订货运交易协议等，同时还包括建设基础设施、路径优化、提供设备、货运时刻表等信息。

在通信系统部署方面，欧盟在2009年发表了题为“Internet of Things—An action plan for Europe”（物联网—欧洲行动计划）的物联网行动方案，并就物联网这一概念，举办了专题讨论会。在这次研讨会上，欧盟委员会社科中心主任鲁道夫（Rudolf Termanmayer）认为，物联网技术是物流业的未来。欧盟智能信息技术平台在《Internet of Things in 2020》（《物联网2020》）中阐述了未来全球物联网的发展过程。他们认为，未来全球物联网的发展会经过以下四个阶段：一是在2010年之前，无线射频识别技术在零售业、物流业会得到充分的应用；二是2010年到2015年，物联网和实体商品相结合，并逐步实现产销运一体化发展；三是2015年到2020年，物流实现半智能化；四是2020年以后，物流发展实现全智能化。

2010年，欧盟研究与咨询机构的物流领域学者，对城市物流配送进行了专门研究，创造性地提出了Citylog（城市物流计划）。Citylog在三个方面大幅度提升了目前城市物流系统效率：货运班车、“最后一公里”配送系统和“最后一公里”包裹跟踪系统。从2013年开始，这一项目在欧洲各个城市的物流系统中被全面推广开来。

2011年，欧盟开始推行“e－call”（紧急救援呼叫系统计划）。紧急救援呼叫系统在欧盟范围内被广泛推广安装到境内新的家用车和轻型乘用车内，目的是最大限度减少因救援迟缓造成的交通事故死亡率，欧盟于2015年将这一计划完成。

根据罗兰·贝格国际管理咨询公司2016年的研究报告，欧盟物流行业机器人的工作效率已达到人工的4～6倍，平均成本为18～20欧元/h，虽略高于平均人类成本，但随着技术的不断进步，预计2020年将降至15欧元/h左右，推动实体经济提质增效。

2017年，欧盟建立一个网站，用于显示不同物流公司的跨境配送价格，欧盟希望通过这一举措，使得跨境包裹配送服务更加透明，能受到更好的监测。这也是欧洲数字化单一市场战略的一部分。

综上所述，欧盟智慧物流政策发展历程如图2-1所示。

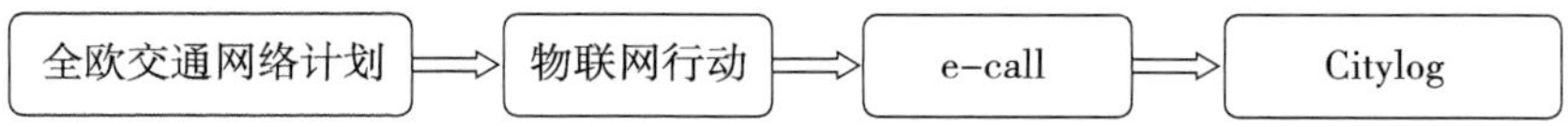

图2-1　欧盟智慧物流政策发展历程

（2）美国：技术创新引领智慧物流发展。

2007年，美国政府制定了《海运货物扫描法》，希望加强运往美国的集装箱的安全，核心内容是世界上所有抵美航线港口，都必须装配相应集装箱扫描设备或装置，对运往美国集装箱进行百分之百扫描。否则，将不允许从该港口出发船舶靠泊美国港口。

2009年，“智慧供应链”提出。IBM提出智慧供应链的目的是建设一个先进的、智能的、互联的未来物流体系，基于GPS、制动器、感应器和RFID等设备，生成实时信息。在此之后，“智慧供应链”延伸出了“智慧物流”的概念，并被不断地探讨。

2009年，美国思科公司的“智能互联建筑”促进了物联网技术进步，该方案为美国硅谷存储技术有限公司解决了成本过高的问题，至少节约了15%的能源消耗。

2014年，“智慧地球”的概念提出。同年，奥巴马将“智慧地球”作为国家战略，认为在下一个阶段应该在各行各业中使用新一代的信息技术（IT）。即把感应器安装和应用到桥梁、建筑设施、铁路、油气管道、隧道、大坝、公路、国家电网以及供水等设备建设中，最终相互联结形成“物联网”，并通过整合现有网络，整合物理系统与人类社会。这一网络中可运用具有强大中心计算能力的机群，运用它来实时控制和管理网络内部的人员、机器、设备和基础设施。在整合了“物联网”和“互联网”之后，人们可以提高资源的利用率，运用更加智慧细致的方式来管理人们的生活和生产，从而改善人与人、人与自然的关系，促进社会的和谐与健康发展。

2015 年，美国亚马逊已经在物流和运输方面取得重大进展；同时，亚马逊已经组建了自家货运车队，在美国俄亥俄州威明顿市有整套货运机场设施，希望可以通过自建物流的方式获得更多的市场份额以及收益率。此外，亚马逊无人机快邮系统早已初见雏形，2015 年 4 月，亚马逊就已申请专利，希望用户无论身在何处，都能够用无人送货机在半小时内将包裹直接送到用户手中，而并非局限在“送货上门”。

此外，联邦快递、联邦包裹等都实现了对物流跟踪和监控技术的应用，形成了 RFID 的巨大市场和完整产业链。在物流服务平台方面，美国的物流平台企业 Freightfinder 提供了货运行业每个公司的链接，通过这些链接可以快速搜索到数万辆货车的信息，能够免费发布货物信息，免费进行货源信息和车源信息的查询，免费注册并发布相关信息，同时该平台提供了货车运输行业相关信息的分类检索，可以免费添加相关公司的链接，但是对网站的信息及其相关链接不做出可靠性保证。

2017 年，机器人技术方案供应商 Fetch Robotics 在美国芝加哥国际物流展览会（ProMat）上推出了两款全新的大型物流载货搬运机器人。其中一款为 Freight 500，能搬运 500kg 的有效载荷，而且能够处理“箱子”大小的货物——可能也是物料搬运、供应链及物流解决方案领域里的标准箱尺寸。另一款机器人 Freight 1500 则设计用于搬运托盘类的标准货箱，尺寸也更大，能够搬运 1500kg 的有效载荷。

美国智慧物流技术发展历程如图 2－2 所示。

图 2－2　美国智慧物流技术发展历程

（3）日本：政府和企业共同促进智慧物流发展。

日本政府于 2009 年 7 月推出“I－Japan（智慧日本）战略 2015”，提出要在 2015 年实现“安心且充满活力的数字化社会”，让数字信息技术如同空气和水一般融入生产和生活之中。

在智能供应链的发展方面，日本的零售业是率先引进智慧物流系统的行业。例如日本的7－11，在智慧供应链方面就得到了很大的发展。到目前为止7－11已经创建了坚实的信息系统，并与供应商及物流服务提供商建立了强大的合作网络。它还拥有将数据转换为有用信息的智能程序。

在智能快递柜的发展方面，日本阿尔法集团公司就在专门做存储柜的细分领域得到了发展，1964年，阿尔法公司在公共场所作为第三方平台使用；1995年，启动了RFID技术；2001年，指纹识别技术开始使用。目前，存储柜的智能功能包括实现RFID的功能、实现支付和用户认证的功能以及实现指纹识别的功能。

在信息物流系统的发展方面，2001年日本住友商事、三菱商事、三井物产三家公司共同设立了“物流联结日本（LogiLinkJapan）”系统。这个系统当时是一种新型的信息系统，它把车源和货源信息公布在互联网上，货主和车主可以提供别人需要的信息，选择自己需要的信息。例如，运输方也就是车主能够提供自己的车辆位置、数量以及车型等车辆信息，而托运方也会提供自己所需要运输的货物的种类、数量以及目的地等信息。在互联网上，运输、拖运双方可以随时获取信息，并直接联系对方、签订运输合同，在运输过程中，托运方还会及时地上传货物的运输信息，以便运输方能够在网络平台进行查询，及时得到运输信息。通过这个公共系统，求车、求货双方能够得到权威的信息，从而为该市场的良性运行提供更好的保障。

在物流运输技术方面，2017年，据日本经济新闻报道，日本在因网购市场的扩大而人手短缺的快递行业，将使用自动驾驶卡车和小型无人机，“力争到2030年实现完全无人化”。

日本智慧物流技术发展历程如图2－3所示。

图2－3　日本智慧物流技术发展历程

2.1.2 国外发达国家智慧物流发展趋势及特点

1. 国外智慧物流发展趋势

（1）共享经济在物流发展中逐步占据主导地位。

在仓位共享领域，美国仓储管理平台公司 Flexe 专做仓位分享，其他企业可以预定它在全美 80 多个地方的若干个仓位。2014 年 Uber（优步）推出了一款产品叫 Uber Rush，它用普通人作为 Messenger（信使）取货送货，Uber 对外声称自己实际是一家物流公司，这也表明其在物流共享经济方面有巨大的发展潜力。

（2）科技创新与物流的联系将更为密切。

美国 IT 杂志《PC Magazine》总编辑柯斯塔在 2017 年 10 月表示，大数据的发展趋势以数字汇流最具冲击力，并结合物联网、区块链、人工智能、语音识别等技术，这些科技相辅相成。

（3）成本的降低促进智慧物流发展。

制造业企业自动化增加，工人减少，使得企业成本大幅度减小；无人机以及机器人的使用，使得企业的物流人力成本减少；同时，有秩序的运输也会减小交通运输的压力。此外，未来智慧物流的发展将会得到政府、企业以及群众的大力支持。

2. 国外智慧物流发展特征

（1）良好的交通运输网络环境。

国外政府积极打通物流通道，发展多式联运，为智慧物流发展提供了良好基础设施环境。国外政府一方面，积极推进流通基础设施的衔接；另一方面，积极推进多式联运发展。

（2）物联网技术广泛应用。

国外企业积极参与并开发物联网技术，为智慧物流的发展提供了技术基础。同时，它们还积极参与并不断开发新型技术，促使物联网技术发展。

（3）较完善的物流信息化基础设施和公共信息平台。

国外政府在物流信息和数据采集上投入量大，使其智慧物流发展拥有了较完善的信息化基础设施和公共信息平台。

（4）智能物流园区的建立。

物流园区作为物流集疏方式，通过整体规划物流业服务功能、运输网络、信息网络，为智慧物流发展提供了机遇。

2.2 中国智慧物流发展概况

2.2.1 中国智慧物流发展历程

近几年，中国物流业实现了井喷式的突破，智慧物流的变革归功于全球物联网、云计算以及移动互联网等新一代先进信息技术在人类生活中的迅速普及和应用。许多先进的现代物流设施设备已经具备了数字化、信息化、集约化的各项先进技术。

结合社会效用曲线图来对物流发展不同阶段及与社会效用关系的一般发展趋势进行分析，我们认为改革开放以来智慧物流可以分为四个不同的阶段。即物流基础期、导入期、成长期和新时期。

（1）物流基础期及其主要特征。

时段：改革开放—20 世纪 90 年代初期。

特点：第一方物流逐步兴起，物流发展靠资源投入驱动。

背景：随着国内商品流通和对外贸易的不断扩大，生产制造企业开始重视物流合理化研究和实践，逐步设立专门的物流部门，并慢慢发展为第一方物流企业。

典型事件：①1979 年 6 月，我国物资工作者代表团赴日本参加第三届国际物流会议，回国后在考察报告中第一次引用和使用物流这一术语。②1989 年 4 月，第八届国际物流会议在北京召开，物流一词的使用在中国日益普遍。③大型生产制造企业开始设立物流子公司，承担母公司物资的运输任务。

主要成效：①解决物资运输难、仓储难问题。②探讨生产资料流通领域的物流理论和实践问题。

（2）物流导入期及其主要特征。

时段：20 世纪 90 年代初期—21 世纪初。

特点：第三方物流兴起阶段，物流发展靠专业化分工驱动。

背景：物流业务的数量和范围大幅扩大，第一方物流公司由于规模小、专业性不强，不能满足和适应物流发展需要，第三方物流公司开始兴起。

典型事件：①1994 年中国本土第一家第三方物流企业——广州宝供成立。②部分生产制造企业剥离物流业务，成立独立的第三方物流企业。③部分高校开设物流专业。④2001 年中国物流与采购联合会成立。⑤2005 年建立全国现代物流工作部际联席会议制度。

主要成效：①物流逐步从概念转换为一个系统性工程。②物流专业性明显提升、运营效率明显提高。③物流供给在总量上基本满足物流需求。

（3）物流成长期及其主要特征。

时段：21 世纪初—中共十九大。

特点："信息化"物流服务成长阶段，物流发展靠信息化、电子化驱动，先进技术逐步应用到物流行业，并在物流发展中作用越来越大。

背景：国民经济对物流的需求从"走得了"开始追求"走得经济高效"，客户越发关注产品的动态位置和状态。一些物流企业在进行物流生产活动中对于信息技术的使用日益广泛和深入，物联网技术逐步应用到物流行业，并发挥了重要作用。

典型事件：①在《国家中长期科学和技术发展规划纲要（2006—2020年)》中，传感网络已经被国家列为重点研究领域。②2009 年时任总理温家宝提出"感知中国"，将物联网列为政府重点支持发展的新型产业，并提升到国家战略。③中国物流技术协会首次提出"智慧物流"的概念。④《物流业调整和振兴规划》强调，要积极提高企业的物流管理信息化水平。⑤2010 年政府工作报告提出"加快物联网的研发应用"。⑥2015 年李克强总理在政府工作报告中明确提出"互联网 + 物流"的计划。⑦2016 年国务院常务会议部署推进“互联网+”高效物流，随后国家发改委发布《“互联网+”高效物流实施意见》。⑧国务院办公厅发布《关于深入实施“互联网+流通”行动计划的意见》。⑨商务部出台《关于确定智慧物流配送示范单位的通知》。⑩2016中国首届智慧物流高峰论坛举办。

主要技术应用：①条码、无线射频等产品识别技术。②GPS、北斗等车辆定位及跟踪技术。③自动分拣技术。④物流信息平台。

主要成效：①解决产品感知互联，跟踪产品流向等问题。②解决车货匹配、仓货匹配等问题。③解决物流供应链协同成本过高问题，提升物流供应链效率。

（4）物流新时期及其主要特征。

时段：中共十九大—“十四五”。

特点：“智慧化”运输服务成长阶段。物流业发展靠先进技术驱动，先进技术与物流业深度融合，改变传统产业的运营模式，为消费者、客户以及企业自身创造增量价值。数据代替库存、数据驱动流程、数据重塑组织成为智慧物流重要的驱动力。

新时期以智能化为主，在万物互联和深化融合的基础上，开发人工智能实现智能配置物流资源，形成智慧物流生态体系。

背景：物流市场规模持续扩大，但物流成本依然较高，物流效率有待进一步提升。与此同时，物流行业的新技术、新理念、新业态不断涌现，信息联通、开放共享和转型升级得到普遍认可，智慧物流理念逐步引领行业发展趋势。

典型事件：十九大报告提出在新时代“加快建设制造强国，加快发展先进制造业，推动互联网、大数据、人工智能和实体经济深度融合，在中高端消费、创新引领、绿色低碳、共享经济、现代供应链、人力资本服务等领域培育新增长点，形成新动能”。并指出“加强水利、铁路、公路、水运、航空、管道、电网、信息、物流等基础设施网络建设。坚持去产能、去库存、去杠杆、降成本、补短板，优化存量资源配置，扩大优质增量供给，实现供需动态平衡”。十九大报告中指出，现阶段我国社会的主要矛盾已经发生了变化，物流也随之进入了新时代。而新时代物流将以智慧物流为主导。

主要技术应用：①物联网技术。②互联网及移动互联网。③通信技术。④自动控制技术。⑤云计算、大数据挖掘技术。⑥人工智能技术。

主要成效：①促进物流业降本增效。②提升服务质量。③物流过程自动化、透明化。④构筑物流生态链。

中国物流发展阶段如图 2－4 所示。

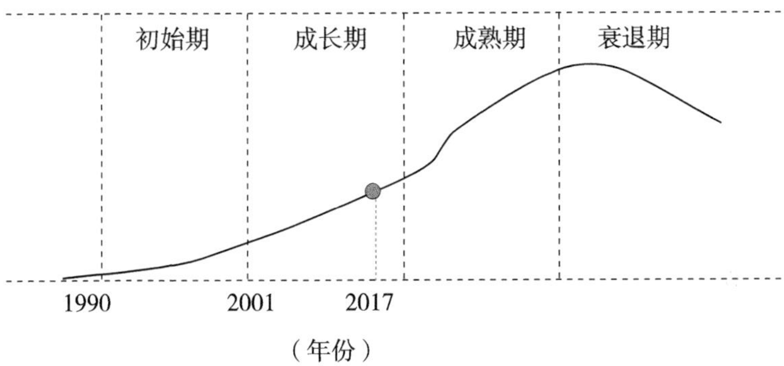

图 2－4　中国物流发展阶段

2.2.2　中国智慧物流发展趋势及特点

1. 中国智慧物流发展趋势

物流将进入新一代物流时代，未来物流不仅要提供更高效、精准、满足个性化需求的服务，还要实现整个物流体系运作的无人化、运营的智能化和决策的智慧化，并呈现出平台化、短链化和无界化的特点。

（1）平台化。

当智慧对物流系统赋能后，物流体系将由原来资源主导、技术主导转换为平台主导。早期当供给不足时，掌握线路、运力等生产资源的企业是供应链的核心。随着技术的进步，供应链的核心逐步转向生产效率更高、技术更为先进的企业，随后移动化和数据化把平台经济提升到了前所未有的高度，互联网平台通过业务在线化和数据挖掘，能够促进供需双方精确匹配，缩短供需对接环节，提高效率，同时也能改善供需信息不对称等带来的问题。平台经济由此产生，专业化企业依托平台（如菜鸟），直接和用户发生高效率的联系。

（2）短链化。

在大数据的支撑下，物流企业可以直接获取客户的信息，从沉静的大数据里可以找到企业存在的真正价值在什么地方。过去说上下游是客户，实际上最终产品的使用者和把这个产品进行消耗的人，才是真正的客户，其他的都是中间商或者都属于供给侧。同时随着消费者的需求越来越分散，需求场景越来越即时化、碎片化，产业端需要建立起一套灵活的物流和供应链体系，来应对这样的趋势。这需要改变以往的多层分销的渠道模式，使得生产端与消费端的距离尽可能缩短，从而能够快速精准地洞察消费者的需求，做到灵活调整和反应。

从商业模式角度来说，现在越来越多的企业可以不通过经销商逐层了解信息，而是直接通过消费者获取这个信息。对消费者的信息有了去中间层的动态获取后，生产商和下游企业存在的方式都会改变。从供应链的角度来看，从生产商—经销商—分销商—客户的长供应链模式，逐步转换为生产商—客户的短链模式。

（3）无界化。

新一代物流将以无界的方式，嵌入到生产、流通、消费的每一个环节，用户将实现所想即所得。超级机器人仓、智慧物流小镇、万物皆感知、智慧物流大脑等科技的发展，将改变智慧物流的发展业态及模式。需求个性化、场景多元化与价值参与化。消费者越来越注重自身个性的表达，在消费的过程中，从被动接受和选择向主动影响和创造转变，甚至希望参与到产品的设计和生产的过程中，并且在越来越多元、即时、分散的场景下完成购买活动。

为了适应场景多元化，物流服务不仅要覆盖生活中所有的场景，更要通过为消费者提供更为灵活弹性的服务，让他们在时间和空间上拥有更大的自主权。这种小批量、定制化的生产和供应体系，对物流服务商提出了全新的要求，要求物流服务商的网络能直达线上线下多渠道，以及广大的终端消费者，需要物流服务商能承接仓储、运输、配送等一体化的服务需求，同时还需要整个链条上信息透明、共享、快速的决策和反应。

2. 中国智慧物流发展特征

近年来，随着物流业与先进技术深化融合，智慧物流也出现了一些新的特征。具体如图 2－5 所示。

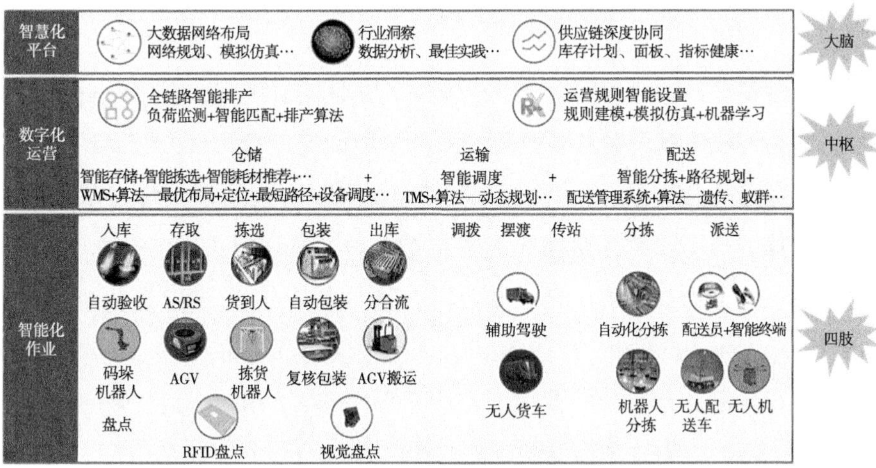

图 2－5　中国智慧物流发展特征

资料来源：京东物流。

（1）"互联网＋物流"更加紧密。

物流业未来的发展方向之一是在线化。近年来，随着移动互联网的快速发展，大量物流设施通过传感器接入互联网。目前，我国已经有超过 400 万辆重载货车安装北斗定位装置，还有大量托盘、集装箱、仓库、货物接入互联网。物流连接呈快速增长趋势，以信息互联、设施互联带动物流互联，物流互联网的形成正处于关键时期。"物流在线化"奠定了智慧物流的前提条件。

（2）物流大数据得到广泛应用。

物流在线化产生大量业务数据，使得物流大数据从理念变为了现实，数据驱动的商业模式推动产业智能化变革，大幅度提高了生产效率。例如，菜鸟网络推出智能路由分单，能够精确地匹配快递包裹与快递网点，并且使其准确率达到98%以上，分拣效率提高50%以上，大大缓解了仓库爆仓压力。物流大数据服务对大数据进行处理与分析，挖掘对企业运营管理有价值的信息，从而科学合理地进行管理决策，其典型场景包括：一是数据共享，实现物流基础数据互联互通，减少物流信息的重复采集，消除物流企业的信息孤岛，提高服务水平和效率，例如供应链上下游各方共享货品、车辆等基础数据；二是销售预测，利用用户消费特征、商家历史销售等海量数据，通过大数据预测分析模型，对订单、促销、清仓等多种场景下的销量进行精准预测，为仓库商品备货及运营策略制定提供依据；三是网络规划，利用历史大数据、销量预测，构建成本、时效、覆盖范围等多维度的运筹模型，对仓储、运输、配送网络进行优化布局；四是库存部署，在多级物流网络中科学部署库存，智能预测补货，实现库存协同，加快库存周转，提高现货率，提升整个供应链的效率；五是行业洞察，利用大数据技术，挖掘分析3C（即计算机 Computer、通信 Communication 和消费类电子产品 Consume Electronics）、家电、鞋服等不同行业以及仓配、快递、城市配送等不同环节的物流运作特点及规律，形成最佳实践，为物流企业提供完整的解决方案。

（3）物流云服务强化保障。

物流业未来发展的基本方向是智慧化。依托大数据和云计算能力，通过物流云来高效地整合、管理和调度资源，并为各个参与方按需提供信息系统及算法应用服务，是智慧物流的核心需求。近年来，京东、菜鸟、百度等企业纷纷推出物流云服务应用，为物流大数据提供了重要保障。“业务数据化”正成为智慧物流的重要基础。物流云服务的典型场景包括：一是统筹整合资源，整合一些社会的闲置仓库、车辆及配送专员等物流资源，通过仓库租赁需求分析、人力资源需求分析、融资需求趋势分析和设备使用状态分析等，合理配置和实现资源效益最大化；二是软件 SaaS（Software as a Service，软件即服务），将 WMS（仓库管理系统）/TMS（运输管理系统）/OMS（订单管理系统）等信息系统进行 SaaS 化，为更多的物流企业提供更快、更多样化的系统服务以及迭代升级；三是算法组件化服务，将路径优化、装箱、耗材推荐、车辆调度等算法组件化，为更多的物流企业提供单个或组合式的算法应用服务。

（4）协同共享助推模式创新。

物流业未来发展的另一个方向是国际化和全球化。智慧物流的核心是“协同共享”，这是信息社会区别于传统社会，并将爆发出最大创新活力的理念源泉。协同共享理念克服了传统社会产权所有观念，通过分享使用权而不占有所有权，打破了传统企业边界，深化了企业分工协作，实现了全球化存量资源的社会化转变和闲置资源的最大化利用。例如，菜鸟驿站将学校、社区、便利店、物业等社会资源整合起来，有效解决末端配送的效率和成本问题。

近年来，“互联网 + 物流”服务成为贯彻协同共享理念的典型代表。利用互联网技术和互联网思维，推动互联网与物流业深度融合，重塑产业发展方式和分工体系，为物流企业转型提供了方向指引。其典型场景包括：一是“互联网 +”高效运输。通过搭建互联网平台，实现货运供需信息的在线对接和实时共享，将分散的货运市场有效整合起来，改进了运输的组织方式，提升了运输的运作效率。二是“互联网 +”智能仓储。开发全自动仓储系统，设计智能仓储机器人，完成货物的上架、拣选、打包、贴标签等操作，大幅提高仓储管理的效率和水平，通过仓储信息的集成、挖掘、跟踪与共享，有效实现取货自动化、进出货无缝化和订单处理准确化。三是“互联网 + 便捷配送”。借助互联网平台，搭建城市配送运力池，开展共同配送、集中配送、智能配送等先进模式，有效解决“最后一公里”的痛点。四是“互联网 +”智能终端。随着本地生活服务的需要，整合末端人力资源、服务网络和智能终端，实现资源的分布式布局和共享式利用，提升资源利用效率和用户服务体验。

（5）物流大脑迅速发展。

智慧物流发展进程中可能遇到的最大问题是物流大脑谁来控制的问题。以人工智能为代表的物流技术服务是解决这一问题的有效途径。基于人工智能系统，应用物流信息化、自动化、智能化技术实现物流作业高效率、低成本，是物流企业较为迫切的现实需求。其中，人工智能通过赋能物流各环节、各领域，实现智能配置物流资源、智能优化物流环节、智能提升物流效率。特别是在无人驾驶、无人仓储、无人配送、物流机器人等人工智能的前沿领域，菜鸟、京东、苏宁等一批领先企业已经开始开展试验应用，具备与国际电商和物流企业从同一起跑线起步的基础。物流技术服务的典型场景包括：一是自动化设备，通过自动化立体库、自动分拣机、传输带等设备，实现存取、拣选、搬运、分拣等环节的机械化、自动化；二是智能设备，通过自主控制技术，进行智能抓取、码放、搬运及自主导航等，使整个物流作业系统具有高度的柔性和扩展性，例如拣选机器人、码垛机器人、无人机、无人车等；三是智能终端，使用高速联网的移动智能终端设备，物流人员操作将更加高效便捷，人机交互协同作业将更加人性化。

由此可见，物流企业对智慧物流的需求主要包括物流大数据、物流云、物流模式和物流技术四大领域。2016 年，这四大领域的市值数额已超过 2000 亿元。未来十年，智慧物流发展规模将会超过万亿元，发展潜力非常巨大。

3 智慧物流园区发展分析

随着物联网、云计算及移动互联网等新一代信息技术在园区的应用，园区变得更加智慧。园区是城市发展产业、增强经济实力的重要平台，能够壮大区域经济。智慧园区不是物流园区和互联网的简单叠加，而是在“一带一路”倡议等大的国家政策方针指引下，盘活物流园区资产，用现代化的手段加强物流园区的服务能力，用创新完成升级，从而在整个国家战略层面下，推动物流园区的节点布局与支点功能拓展。“十三五”规划把创新摆在国家经济发展全局的核心位置，提出要形成促进创新的体制架构，并加快智慧城市建设。中央全面深化改革领导小组第十八次会议和“一带一路”倡议也要求，在条件成熟的产业园区、自贸区基础上，创建“一带一路”智慧园区，以此进一步推动创新产业的发展和企业的“走出去”“走进去”和“走上去”战略。智慧园区未来将在这一战略中扮演越来越重要的角色。

3.1 智慧物流园区发展概述

伴随着经济的发展，特别是电子商务的快速发展，物流业也得到了空前繁荣，可以说智慧物流既是技术发展的必然，也是现代物流发展的必然。为了适应互联网和物联网的发展趋势，目前各地都非常重视物流信息化建设，鼓励发展综合性和专业性的物流信息服务和物流的交易平台，有效地促进了传统物流园区服务模式的变革。在这种背景下，“智慧物流园区”也应运而生——以物流信息化平台为核心运营纽带和依托，基于物流信息化平台的支撑构建物流园区新的运营服务体系，通过整合有形资源和无形资源，提供增值服务，实现模式创新。目前，我国物流园区在东部地区的分布占40%，中部地区占17%，西部地区占22%，东北地区占21%。其中综合服务型物流园区所占比重较大，占比为59%，商贸服务型占15%，货运枢纽型占13%，生产服务型占7%，口岸服务型占6%。通过以上数据中现阶段我国物流园区的区域分布及数量特征，可以看出物流园区的建设既受其周围经济环境的影响，又影响着区域经济的发展。

根据目前我国物流园区规划的特点，在整个物流产业链中，物流园区成为一个至关重要的业务流程集中点。在功能上智慧物流园区与物流园区相同，基本上包括了运输、存储、包装、装卸、流通加工、配送等。因此智慧物流园区正在朝着横纵双向发展，在企业物流信息化过程中，地理位置上相对集中的智慧物流园区将物流体系中的仓储、配送、货物集散、加工以及商品的交易和展示等功能更加集中起来。智慧物流园区发展的四个主要方向，即物流技术装备的自动化、物流运作管理的信息化、物流运作流程的智能化和软件平台的集成化。

智慧物流园区，从概念上讲就是以物联网、互联网、云计算和大数据等新一代信息技术为基础，以互联网和物联网的方式全面动态感知、分析和整合商圈内方方面面的数据，从而营造更高效、更便捷和更繁荣的商业环境，实现用户体验人性化、营销服务精准化、运维管理细致化和消费环境融合化的新型商圈形态。智慧物流产业园区概念简言之即以“智慧化”的创意状态和“智能化”科学技术去策划、规划、开发、建设、提升、管理和运营的物流企业集结聚合服务基地。但智慧园区绝不仅仅是“物流园区＋互联网”，而是要从根本上改变物流园区的服务，创新发展模式。盘活政府、企业、智库（行业组织），让园区成为“走出去”的一个节点，形成聚流、聚智、聚新的协同效应，并运用智慧互联的现代化手段，打造智慧园区的互联互通特色。借助“一带一路”走出去的机遇，智慧园区可以创新人才引进和培养机制、创新发展模式，为传统仓储物流园区加速发展插上智慧翅膀，使园区成为聚智、聚新、聚金的中枢。同时，通过智慧园区的实践，也将为“一带一路”倡议的全面落地提供宝贵经验。

物流园区建设也是长三角地区的一大特色，物流园区遍布各个城市且各有特色。其中上海的物流园区较多，较典型的有洋山保税港区、浦东空港综合保税区、外高桥物流园以及临港物流园区等；浙江有宁波梅山保税港区；江苏有张家港保税港区、苏州工业园综合保税区；安徽合肥商贸物流园区正计划打造国际智慧物流港。目前长三角地区的物流园区均较为独立，跨园区的网络化运营比较少，尚没有形成统一的物流市场体系，智慧化过程还在进一步推进中。

3.2 智慧物流园区内涵及特征

3.2.1 智慧物流园区的内涵

智慧物流园区是指融合新一代信息与通信技术，具备迅捷信息采集、高速信息传输、高度集中计算、智能事务处理和无所不在的服务提供能力，实现园区内及时、互动、整合的信息感知、传递和处理，以建立提高园区产业集聚能力、企业经济竞争力、园区可持续发展为目标的先进园区。智慧物流园区是园区信息化基础上的升级版，是智慧城市的重要表现形态，其体系结构与发展模式是智慧城市在一个小区域范围内的缩影，既反映了智慧城市的主要体系模式与发展特征，又具备了一定不同于智慧城市的发展模式的独特性。

（1）智能化。

智能化就是由现代通信与信息技术、计算机网络技术、行业技术、智能控制技术汇集而成的针对某一个方面的应用的智能集合，也可以表述为：智能化 = 信息化 + 自动化。随着信息技术的不断发展，其技术含量及复杂程度也越来越高，智能化的概念开始逐渐渗透各行各业及我们生活的方方面面，相继出现了智慧社区、智慧城市、智慧医院等。

（2）智慧化物流。

智慧化物流是利用集成智能化技术，使物流系统能够模仿人的智能，具有思维、感知、学习、推理判断和自行解决物流中某些问题的能力。智慧化物流也可以说成是物流自动化、信息化的一种高层次应用。

（3）智慧化物流园区。

参照智慧化物流的概念，可以得出智慧物流园区就是利用智慧化的物流系统，实现园区自动化的物流园区。在智慧物流园区中，通过智慧化的物流系统的应用，协调园区内部企业的运作；共享信息资源，实现智慧化、一体化、柔性化与社会化的特点。智慧物流园区体现了现代物流技术发展的四个主要方向，即物流技术装备的自动化、物流运作管理的信息化、物流运作流程的智慧化及多种技术和软硬件平台的集成化。

3.2.2 智慧物流园区的特征

智慧物流园区正是国内各类成熟物流园区转型升级的典范，智慧化不仅提升园区吸引力，而且促进园区可持续发展，给予了物流产业发展的基础，顺应信息技术创新与应用趋势，这是传统物流园区所不具有的。智慧物流产业园区的特征是："能够利用产业及其土地的物业和服务功能与增值服务等资源，以'智慧化'状态和'智能化'技术，通过策划实现价值最大化的资源整合体"。概而言之，智慧物流园区最大的特征是利用物联网、云计算等先进技术将整个与本园区相关的物流要素、信息链接起来，从而实现信息的高度共享。其特征主要表现在：

（1）基于物联网数据服务平台提供了满足用户个性化需求的解决方案，同时对大楼的智能化管理系统进行了整体规划，保证了用户个性化需求的实现。

（2）充分发挥物联网开放性的基本特点。传统的园区内楼宇智能化系统是自成一体的独立封闭的系统，而物联网是开放的，具有连通性。采用这一技术，可以在世界上具备互联网接入条件的任一地点，与自己的物联网相联，从根本上解决了"信息孤岛"问题。

（3）把各个子系统集成在一个统一的数据平台上，实现各系统之间实时数据的交流和共享，弥补了传统智能建筑数据采集孤立的缺陷，解决了系统难以联动的问题。

（4）物联网数据服务平台中汇集了海量的数据信息，应用开发平台灵活且功能齐全，使其具有很强的可扩展性。各种软硬件应用已经瀚如烟海，开发人员具备成熟的技术积累，终端用户能享受到各种便利。

（5）基于物联网技术，只需构建一个统一的数据服务平台，将各系统的运行数据信息汇总，既可实现高效、便捷的集中式管理，又降低了运营成本。

（6）物联网平台所拥有的专家系统引擎，能够对从各子系统采集到的实时数据进行整合、分析和计算，并结合预案，对非正常状况作出判断，并实施预警联动。

因此将物联网技术引入园区建设必将是未来智能园区的发展趋势，而物联网应用平台就是从数据接入、数据处理、数据应用三个层面，为智能园区提供统一的应用与管理平台。

3.3 智慧物流园区规划建设案例

从 1978 年物流概念引入中国以来，中国的物流事业一直发展迅速，40 年里诞生了服务于各行各业的物流企业，同时伴随着市场经济体制建立和经济全球化的推进，我国物流业从跨国公司学来了先进的物流理念和运作方式。作为衡量物流业发展水平的信息化程度的高低，直接反映园区的竞争力。据统计，国内整个物流行业只有 5% ~10% 的企业或园区使用信息化管理，而能将园区信息化覆盖全部流程、全部对象的则屈指可数。智慧型物流园区以“智慧”理念，通过系统集成、平台整合，配以 GPS 监控、GIS（地理信息系统）地理服务、ASP（应用服务提供商）租赁、RFID 射频扫描、无线视频传送、一卡通服务等高新技术，将信息化管理覆盖到园区每个角落、每个控制点，使人、车、物从入园到离开都实现数字登记、网络查询、数据库管理。园区业务人与车、车与货、货与路在智慧的网络中运行，相互互动、信息撮合、服务集成。真正意义上实现园区的智能化、人性化、机械化、信息化、前瞻性。

3.3.1 安徽合肥商贸物流园区

1. 园区发展概况

安徽合肥商贸物流园区于2010年5月经安徽省人民政府批准设立为省级开发区（筹建），是全省首个以商贸物流为主导产业的开发园区、全国首批“示范物流园区”。园区不但承担起区域物流核心枢纽，而且不断发挥区域中心的辐射效应和吸附作用。园区相继获得“全国优秀物流园区”“中国中部地区最具竞争力与投资价值的物流园区”“中国物流特色小镇”等荣誉。此外，园区还被中国物流学会列为产学研基地，被省政府发展研究中心确定为调研联系点，被省发改委确定为调研联系单位和智库研究基地，被省政府参事室（文史馆）确定为参事（馆员）调研活动基地。2009年6月，安徽省委、省政府出台了《关于实施扩权强镇的若干意见》（皖发〔2009〕15号），提出“支持产业聚集程度高、特色鲜明、有一定规模的产业功能区筹建省级开发区；鼓励发展专业市场、物流、金融、信息咨询、技术服务等现代服务业”。肥东县抓住机遇，提出建设安徽合肥商贸物流园区，组织编制了开发区规划，总规划面积55km^2，一期规划面积7.4km^2（已建设完成），主导功能为商贸物流，2017年6月，开发区实行“一区两园”架构，推进扩区增容总体发展规划，新的规划顺利通过省、市发改委组织的专家评审会，总规划面积为117.63km^2。安徽合肥商贸物流园区自成立以来，就将智慧物流园区作为发展战略，与中科大联合成立现代物流工程研究中心，积极筹备全国物流和大数据中心，建立快捷高效的智慧政务系统，成为了当地乃至长三角地区众多物流企业的重要集聚地。

园区依托合肥及周边城市人型商圈、批发市场、专业市场，坚持错位发展、彰显特色，打造安徽领先、华东一流的商贸服务型物流示范区。入驻重点物流企业达52家、品牌快递企业20余家，承担着合肥地区60%的快递物流分拨业务。开发区发展成为合肥市乃至安徽省全省重要的冷链物流基地、全省邮政速递物流邮件处理中心。快递业务量和业务收入居全省县域之首。

2. 园区发展策略

（1）联合中国科学技术大学共建现代物流工程研究中心。

依托中国科学技术大学（简称“中科大”）先进技术研究院、中科大管理学院的学术优势，合作共建“中科大现代物流工程研究中心”项目，进一步推动高校物流与供应链研究成果转化，加强物流产业产学研结合。拟建全国的物流电子信息平台和物流大数据中心，使之成为现代物流业研究平台、合作发展平台与人才交流平台，引领全国现代物流产业发展。同时，园区开展多项与物流业相关的理论和应用研究的科研项目，重点围绕“互联网 +”、大数据、智慧物流等物流前沿方向科学研究。作为中物联物流园区专委会副主任单位，园区还联合中国科学技术大学和长春一汽集团等单位承担中国物流学会《智慧物流发展战略与政策研究》和安徽省《合肥物流圈发展研究》等重大课题研究。与安徽省发改委、中科大先进技术研究院签订了战略合作协议，决定在园区建设安徽省物流智库。力争在物流大数据、物流行业标准、物流信息平台建设、物流业基础研究等现代物流发展方面实现更多突破。

（2）建立快捷高效的智慧政务系统。

园区通过构建新一代信息基础设施，为园区内的组织和个人提供安全、高速、便捷的网络环境，实现园区内的部件、人员随时随地接入网络，奠定泛在感知的网络基础。通过基础设施和感知网络的全面建设，实现对园区感知网络的全面覆盖，使得园区各元素的各类信息均可接入传输网络层。遵循国家有关标准要求，在智慧园区建设的统筹规划下，依照“一体化”集约共享的建设思路，以服务为宗旨，以应用为关键，以信息资源开发利用为主线，通过安全、通畅的信息资源交换，实现各系统间资源共享，达到业务协同。

以“网上交易、业务管理、商务协同”为核心，面向物流产业链，整合上游货运厂商、下游物流公司客户，以全程电子商务平台为载体，融入电子商务交易、大屏幕货运信息交易、园区物业管理系统、园区公共服务管理系统、智能停车场、智能一卡通等子业务模块，有效提供物流产业链的全程服务，全面提升园区价值及竞争力。安徽合肥商贸物流园区总体架构如图3－1所示。

（3）打造国际智慧物流港。

作为全国首批示范物流园区，该区集聚了众多国内外物流行业巨头，在智慧物流领域形成较强影响力。为切实推动智慧园区、智慧仓储、智慧平台建设，降低社会物流成本，提升物流整体运作效率，园区规划2.6km^2土地，用以建设合肥国际智慧物流港。筹划通过物流业总部基地的打造，推进智慧物流平台建设，实现物流业上下游产品研发、应用和推广，促进物流新业态、新模式发展，从而形成可复制、可推广的发展经验。按照企业化管理、市场化运营模式，加快以智慧物流为重点的信息化网络体系建设，建立合肥物流大数据中心，全面整合全省物流圈产业和信息资源，推动“互联网＋”物流、跨境电商发展。同时，以合肥国际智慧物流港为突破，率先推动物流标准化建设，发挥企业主体作用和园区示范引领作用，积极参与地方标准和行业标准的制定，从而破解合肥物流圈层内部物流信息平台间的障碍。合肥国际智慧物流港建设将依托合肥省会城市资源优势，打造智慧物流技术研发平台、供应链与物流大数据平台、产学研融合双创平台、知识产权交易平台、中高端人才培育平台和现代供应链中心企业集聚平台等“六大平台”，力争成为全国一流、国际知名的智慧物流港（见图3－1）。

3. 园区发展战略

抢抓机遇、奋发有为，全力加快安徽合肥商贸物流园区（合肥上海产业园）的建设和发展步伐，充分利用完备的铁路、水运、空运物流运输体系，深度融入国家“一带一路”倡议，搭乘“中欧班列”顺风车，进一步拓展园区发展新空间；围绕“互联网＋”，重点发展“智慧物流、智慧制造、智慧健康、智慧材料”四大产业体系，大力开展物流运输、投融资、财税、土地使用、园区管理等制度创新，积极复制、借鉴上海自贸区经验，全面承接上海等长三角地区的产业转移；力争通过5年左右的时间，将园区建成“全国性综合商贸物流中心、国家跨境电子商务综合实验区、国家跨省双城产业合作

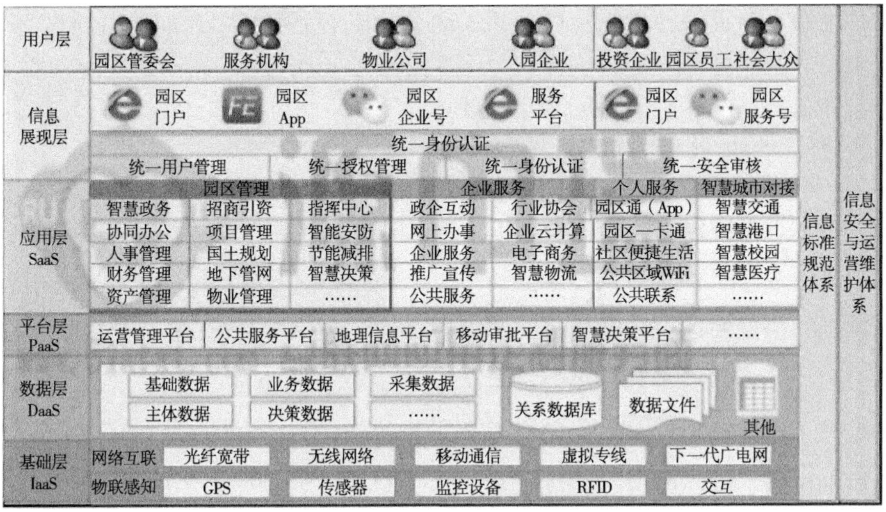

图 3－1　安徽合肥商贸物流园区总体架构

资料来源：安徽合肥商贸物流园区管委会。

共建示范区、中国安徽（合肥）自贸区的综合保税港区、国家快递产业后台基地、合肥产城融合发展生态示范区”。

4. 案例评述

安徽合肥商贸物流园区依托全程物流电子商务平台，园区与平台双向协调，园区与园区信息共享，以“平台构造节点化、园区管理智能化、业务服务全程化、行业效益长远化”特色为核心，将建设成为有物流处理能力的高效智慧节点，是云物流的强力保障。安徽合肥商贸物流园区有效解决了当下各物流园区存在的信息孤岛、资源浪费等问题，同时帮助园区企业解决在车源、交易、零担、商机撮合、仓储配送、后勤保障、行政服务、物业管理等方面面临的种种难题和困惑，全面提升了物流园区的管理质量和核心竞争力。

相比传统物流园区，智慧物流园区投资更大，且需要大量专业人才、专业设备，固定投资成本较高，运营风险也更大。但安徽合肥商贸物流园区清楚地认识到园区向“智慧化转型”已成为中国物流园区的一大趋势。园区管委会正积极做好顶层设计，科学合理地规划与布局，同时吸收江浙沪地区成功的经验，制定引导企业转型的相关政策，将智慧物流作为园区未来发展的重大战略来实施。

3.3.2 上海外高桥保税物流园区

上海外高桥保税物流园区（以下简称园区）自 2004 年 4 月 15 日封关运作以来，在各级政府的关心和支持下，在董事会的正确领导下，基本实现规划联动、信息联动、政策联动、业务联动和利益联动，在国际港航领域和物流业树立了良好的市场形象，成为国家级示范物流园区。十几年来，园区充分体现了保税物流对国际现代物流业转移的承接能力和产业的集群效应，深化国际中转、国际配送、国际采购、转口贸易四大功能，经济指标在全国保税园区中名列前茅。

1. 园区发展概况

依托优势，初步建成区港联动营运格局，逐步实现保税物流产业发展，以上海为中心，带动长三角，辐射长江沿线、东部沿海，连接国际国内市场，产生集聚效应。形态开发稳步推进，园区开发面积 1.2 平方公里，封关面积 1.03 平方公里，道路总长 9km，隔离围网总长 6km。园区累计总投资 40 亿元。2015 年园区已建成仓库 48 万 m^2，在建 22 万 m^2，商务关检设施 5 万 m^2，集装箱转运区 14 万 m^2。招商引资能级提高，截至 2015 年年底，累计引进中外物流企业 40 家，贸易公司 50 家，吸引外资 6 亿美元，仓库整体出租率超过 95%，实际进出口额比重由 2004 年的 5% 上升到 2015 年的 40%，营运结构日趋合理。

（1）功能创新成果显著。

十几年来，园区形成了海运直通、区铁联运、分批出区集中报关、先进后报、原产地换证、出口集拼等十余种创新模式，并为客户编制了《实务指南》等操作手册，为招商引资、项目经营、业务运作提供了良好的客户服务。园区已初步建成立足长三角、服务亚太地区的，以外贸出口为主的跨国采购中心和以进口为主的国际配送中心。

（2）综合指标名列前茅。

据海关统计，2005—2015 年，园区流通货值从 72.6 亿美元突破 1000 亿美元；年外贸进出口总额从 15 亿美元突破 200 亿美元；海关关税从 15 亿元人民币突破 250 亿元人民币。

2. 园区发展策略

（1）构建国际中转集拼平台，加快形成规模化运作的新业态。

着眼于国际中转集拼平台的功能创新，致力于开发中转平台的产业功能，牢牢把握平台创新的四个带动：国际中转带动进出口拼箱业务，平台建设带动项目引进，项目运作带动货源集聚，国际整箱中转带动规模化运作。推进“O”字形的监管模式向“U”字形监管模式转变。通过实施凭舱单进区、货物状态分类监管、“分批进出、集中申报”的创新模式，带动进口方面的货物分拨和中转货物保税存放。拉动出口方面非保货物、保税货物和中转货物的出口拼箱，从而实现长三角和长江经济带多元化的拼箱业务。加快学习新加坡的运营模式，加快整箱中转功能拓展，形成一手国际中转集拼，一手实施整箱中转的规模化运作。

加快国际中转集拼平台的项目建设，为扩大国际中转国际化运作，拟开发新地块，地块总面积 12.77 万 m^2，可用面积 10.7 万 m^2，将建成 6.3 万 m^2 的专用仓库、2 万 m^2 的堆场，规划了进口分拨库、非保货物集货库、中转集拼库和整箱中转堆放区于一体的中转平台，彻底改变国际中转拼箱“一港多区、一区多库”的局面，全力降低营运成本，营造“一港一区、一库多能”的营运环境。

（2）营造跨境电子商务平台，适应“互联网 +”保税物流的新格局。

跨境电子商务平台是园区实行货物贸易向服务贸易转型的重要载体，依托园区出色的保税仓储条件和政策优势，使区内企业有效整合境内外供应链，提高跨境采购、国内配送的运营能力，全面引进一批国外电商巨头和国际分销商。

为推动园区跨境电子商务项目开展，园区将规划 6000m^2 仓库用于建设海关电商监管库。该仓库将按照海关的监管要求，通过物流隔离、电子监控、同屏对比、网络连接等措施，实现海关有关部门的有效监管。同时通过库内围网监管，安装全覆盖的监控设施，辅以电子标签等设备，形成监管可控、账册明晰、运作有序的监管环境。运营初期先配置2条监管流水线和配货货架，并设立监管现场办公室，后期将根据业务需要进行增加，总投资约1000万元左右。

（3）营建全球大宗商品交易交割平台，建设项目联动发展新框架。

我国对大宗商品的需求是长期的，我国依然是有色金属、农业经济作物、粮食作物等方面的消费大国，需要长期进口。园区将适时推动大宗商品交易交割平台的建设，形成具有监管职能的第三方平台，解决单个企业无法作为平台形成集成运作的障碍。

开展“净价交易、保税交割，一库多单、仓单流转”的模式创新。大宗商品交易交割平台是园区针对大宗商品拓展的“一库多单、仓单流转”创新运作模式，通过一手开拓交易平台的现货交易交割功能、一手引进交易平台的期货贸易功能，以“净价交易、保税交割”实施货种市场分配，以“一库多单、仓单流转”推动金融衍生产品的开发，形成以上海自贸试验区为交易中心，长江经济带和沿海综合保税区为交割基地的联动发展。

3. 案例评述

园区深刻认识到上海自贸试验区联动发展的战略目标，注重功能整合创新，注重提升产业能级，注重服务品牌的建设，注重提高经济效益，弘扬“开放、联盟、创新、繁荣”的园区文化，围绕创新驱动、转型升级的总体目标，全面追求园区经济总量达到新的水平，为上海自贸试验区的建设增添新优势。

4 智慧物流平台发展分析

伴随着互联网的发展以及物流信息技术应用的成熟，智慧物流平台已经成为现代物流业发展的一大趋势。智慧物流平台能够有效整合现有企业、园区，甚至物流系统的多种物流信息资源，优化物流行业的运作流程，从而实现社会物流系统整体效益的最大化。智慧物流平台的建设，不仅仅包括相关的网络、硬件和软件，同时也包括由此带来的企业管理和运营模式的变革、平台系列标准的制定，以及其他各种法律法规、管理办法和规范性文件等构成的保障体系。

4.1 智慧物流平台发展概述

平台分为两类，一类是以 BAT（百度、阿里、腾讯）为代表的综合平台；另一类是以用户和物流企业搭建无界物流入口，如以菜鸟等为代表的垂直型平台。经济平台化的目的是构建一个新的生态，而连接是基础，数据是核心，应用是关键。在整个物流平台体系中，将物流资源以不同的方式连接在一起，并最终改变整个物流行业的供给方式。

4.2 智慧物流平台内涵及特征

一般来说，凡是能够支持或者进行物流服务供需信息的交互或交换的网站，均可视为物流信息平台。比如一个物流公司为方便公司与其用户的联系而设计一个信息交换系统，使得用户和公司可以保持便捷的联系，那么这个系统就具备了物流信息平台的性质，类似这样的平台，国内有成百上千家，其中鱼龙混杂，信息虽然丰富，但真伪难辨、良莠不齐。智慧物流平台内涵与特征如下。

4.2.1 智慧物流平台内涵

物流信息平台是一个物流信息化、网络化与物流信息网络建设时间相结合的产物，我们往往可以把它看作物流网络的前端窗口，把与物流过程有关的政府、物流企业、物流业务需求方等众多参与者连接在一起，为各类物流过程提供相关信息资源的查询、发布、传递、交换、处理和交易等物流信息服务。由于互联网的发展以及物流信息技术应用的成熟，物流信息平台已成为物流行业发展的一个大趋势。物流信息平台能够整合现有园区、企业的物业信息资源，优化行业物流运作，从而实现社会物流系统整体效益的最大化。

智慧物流平台是指运用先进的信息技术和现代通信技术所构建的具有虚拟开放性的物流网络平台。通过该平台，可以将包括运输、仓储、包装、配送、流通加工等多个环节的物流活动，及铁路、水运、航空、管道等多种运输方式，及供应链上的各个伙伴、各个环节联结成为一个整体，从更广的范围整合和利用社会资源，实现信息的交互和共享，降低物流成本，提高物流运作的效率，提升物流服务的质量。

4.2.2 智慧物流平台特征

智慧物流平台涉及企业间物流、商流、信息流、资金流，牵涉多个物流枢纽、环节、企业及政府有关部门。在物流过程中信息的流动是跨企业、跨地区、跨行业进行的，智慧物流平台必须实现大跨度的信息实时传输、远程数据访问、数据分布处理等功能。近年来，国外物流企业的信息化发展很快。物流信息化已成为提升物流效益的重要手段。相比之下，中国物流企业的现代信息化进展相对缓慢，中国的物流企业也应逐渐走上信息化道路。随着物联网技术的发展，物流信息平台的建设对中国现代物流的发展显得尤为重要。要促进中国现代物流企业的发展，搭建智慧物流信息化网络，实现智慧物流，构建物流公共信息平台成为了关键。通过采用云计算、物联网、高端服务器及软件、三网融合以及以北斗、RFID 为代表的设备终端应用技术，整合银行、保险、电信、软硬件供应商，服务于工商企业和物流企业两大核心主体，集政府监管、全程在线交易及跟踪、在线支付、信息发布、物流交易、产品展示、推广营销、互动交流、系统及设备终端应用为一体，并为各应用企业提供标准化接口，将物流信息实现合理共享、应用和调配，通过平台打破条块分割、地区封锁恶习，树立全国、全行业一盘棋的思想。智慧物流平台具有以下几个特征：

（1）公共性：主要提供基础性公共服务，核心是实现物流信息的交换与共享。平台应该充分满足服务对象的功能需求。功能设计要深入智慧物流园区的管理实际，同时界面友好，易于操作，信息标准统一。

（2）开放性：物流园区信息与商务平台不是一个封闭的系统，必须通过接口与其他平台相连接，在平台建设中应充分进行外界信息系统交换的需求分析，保证既能满足功能需要，又具有外界系统进行信息交换与处理的能力。能够向全社会提供服务，不局限于特定行业、特定作业环节和特定服务。

（3）共享性：实现不同部门、不同行业、不同地区、不同物流信息系统间信息交换与共享，减少信息孤岛和重复建设。同时，能达到组织物流的各部门及运输、存储、装卸、包装、配送等各个环节的运输过程。

4.3 智慧物流平台典型案例

2016 年 3 月，《全国电子商务物流发展专项规划（2016—2020 年）》发布，明确提出到 2020 年基本形成“布局完善、结构优化、功能强大、运作高效、服务优质”的电商物流体系，这是指导“十三五”时期我国电商物流发展的纲领性文件，标志着我国电商物流进入全新的发展阶段。《电子商务“十三五”发展规划》《商贸物流发展“十三五”规划》和《国内贸易流通“十三五”发展规划》也对电商物流提出了相关工作要求。智慧物流平台的几个典型案例集中在电商领域。

电商物流又被称为电子商务时代的物流，是电子商务发展的衍生产业，也有人认为电子商务物流是与电子商务发展相配套的物流或物流企业的电子商务化。电商物流是按照买卖双方的需要设置物流中转站，对物品进行保管和配货、发货、退货及信息服务的物流管理体系，物流企业对整个物流过程的所有活动进行统一管理。由于电子商务交易范围比较分散，产品的销售数量不容易控制，所以电子商务时代对物流的技术水平及信息系统要求较高。同时，不同性质的电子商务企业物流有着不同的特点。B2B（企业到企业）电商交易额较大，交易次数较少，产品种类单一，所以物流环节相对简单，对物流的个性化服务要求不明显。B2B 电商产品种类繁多，交易次数较高，配送数量小，物流成本容易增加，客户大都是普通消费者，客户对个性化服务要求较高。C2C（个人到个人）电商交易额度较小，配送频率高，交易范围不易掌握，这种交易多采用快递服务。

4.3.1　京东物流

京东物流依托电子商城，采取垂直一体化模式，自己承担从物流中心到运输，到配送队伍的整体物流体系建设模式。借此掌握对供应链的控制权，提高物流效率，提升客户服务质量。京东物流以打造智慧物流平台为特色。

1. 企业介绍

京东物流隶属于京东集团，以打造客户体验最优的物流履约平台为目标，通过开放、智能的战略举措促进消费方式转变和社会供应链效率的提升，将物流、商流、资金流和信息流有机结合，实现与客户的互信共赢。京东物流通过布局全国的自建仓配物流网络，为商家提供一体化的物流解决方案，实现库存共享及订单集成处理，可提供仓配一体、快递、冷链、大件、物流云等多种服务。截至 2017 年年底，京东在全国运营 500 个大型仓库，运营了 14 个大型智能化物流中心“亚洲一号”，物流基础设施面积超过 1200 万 m^2，已成为全国拥有最大规模基础设施的物流企业。

京东物流全球首个全流程无人仓和无人分拣中心先后投入使用，全球首个顶配奢侈品仓也正式启用。同时，京东物流还加大了对绿色物流的投入力度，启动了对体系内的几十万辆新能源车的替换计划，打造电商物流行业最大规模的绿色运输车队，首批 10 万个可循环使用的“绿盒子”青流箱投放使用，并成立京东物流绿色基金，用于供应链环保技术改造、创新研发、绿色消费社会的倡导和推动。在海外布局上，在印尼市场，京东物流已经在4个城市设立仓库，配送服务已经覆盖7大岛屿、483个城市和6500个区，将通过京东集团“售全球”业务的推动走向全球市场。2017年，京东集团已经成长为平台交易超过1.3万亿元、拥有16万名员工的世界500强企业。

京东物流致力于为合作伙伴提供包括仓储、运输、配送、客服、售后的正逆向一体化供应链解决方案服务、物流云和物流科技服务、商家数据服务、跨境物流服务、快递与快运服务等全方位的产品和服务。

2. 京东智慧物流发展策略

物流是京东集团的核心竞争力之一，京东集团所有的业务，在看似简单的发货与收货之间，实际上都是以一套复杂的物流系统“青龙”系统为依托，实现京东的仓储、分拣、配送等功能。

（1）青龙系统配合作业流程。

青龙系统的核心要素包括仓库、分拣中心、配送站、配送员。配合京东物流配送业务流程全过程。京东物流配送业务流程如图4－1所示。

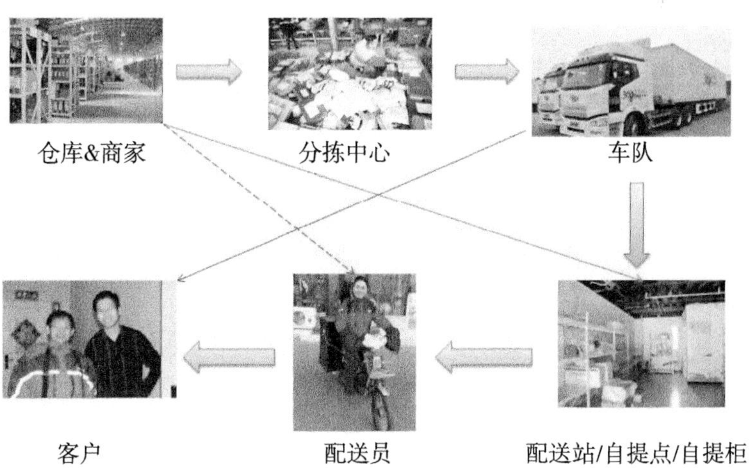

图4－1　京东物流配送业务流程

资料来源：Useit知识库。

仓库负责根据客户订单安排生产，包括免单打印、拣货、发票打印、打包等。它是一个个订单包裹生成的地方。

仓库生产完毕后，将订单包裹交接给分拣中心，分拣中心收到订单包裹后进行分拣、装箱、发货、发车，最终将包裹发往对应的配送站。

配送站进行收货、验货交接后，将包裹分配到不同的配送员，再由配送员负责配送到客户手中。

在整个配送网络中，物流、信息流与资金流的快速流转，实现了货物的及时送达、货款的及时收回、信息的准确传递。

（2）青龙系统的模块构成。

青龙的模块结构主要由整体系统架构与核心子系统组成。

整体系统架构上，整个青龙系统成为京东物流的内核，前段接口开放给所有平台，下面直接开放到内部的物流运营机构和第三方物流企业。青龙系统整体架构如图4－2所示。

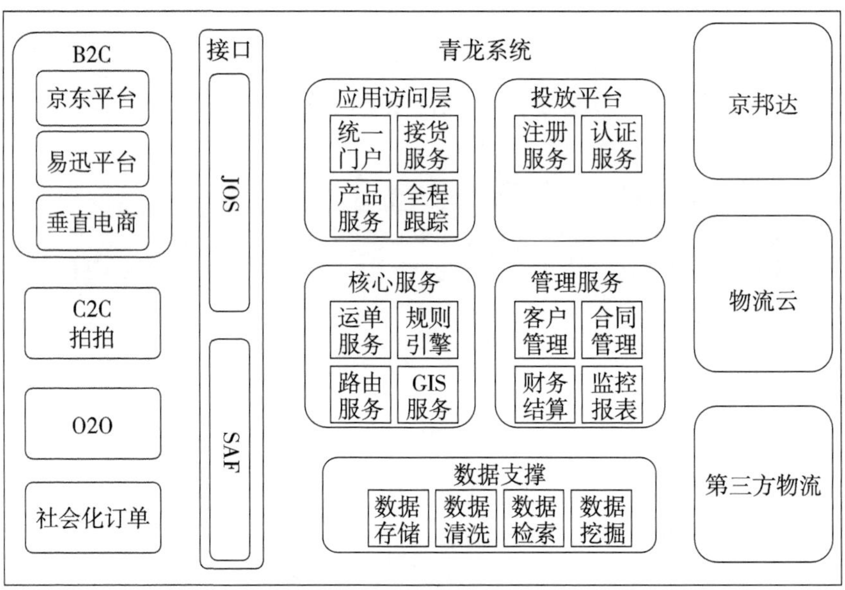

图4－2　青龙系统整体架构

注：B2C，企业到个人；O2O，线上线下；JOS，京东开放服务；SAF，服务架构框架。

资料来源：京东商城。

青龙系统的核心子系统是由 6 大核心模块组成。

在这 6 个核心模块当中，实现快速配送的核心为预分拣子系统。预分拣是承接用户下单到仓储生产之间的重要一环，可以说没有预分拣子系统，用户的订单就无法完成仓储的生产，而预分拣的准确性对运送效率的提升至关重要。

①预分拣子系统。

青龙配送系统在预分拣中采用了深度神经网络、机器学习、搜索引擎技术、地图区域划分、信息抽取与知识挖掘，并利用大数据对地址库、关键字库、特殊配置库、GIS 地图库等数据进行分析并使用，使订单能够自动分拣，且保证 7 ×24h 的服务，能够满足各类型订单的接入，提供稳定准确的预分拣接口。服务于京东自营和开放平台（POP）的服务。

②终端系统。

京东的快递员手中持有一台 PDA（掌上电脑）一体机，这台一体机实际上是青龙终端系统的组成部分，应用在分拣中心和配送站。目前京东已经在测试可穿戴的分拣设备，推行可穿戴式的数据采集器，解放分拣人员双手，提高工作效率。此外配送员 App（手机软件）、自提柜系统等也在逐步覆盖，用来完成“最后一公里”物流配送业务的操作、记录、校验、指导、监控等内容，这些措施极大地提高了配送员的作业效率。

③运单系统。

这套系统是保证用户能够查看到货物运送状态的系统，它既能记录运单的收货地址等基本信息，又能接收来自接货系统、终端系统的操作记录，实现订单全程跟踪。同时，运单系统对外提供状态、支付方式等查询功能，供结算系统等外部系统调用。

④质控平台。

京东对于物品的品质有着严格的要求，为了避免因为运输造成的损坏，质控平台针对业务系统操作过程中发生的物流损耗等异常信息进行现场汇报收集，由质控人员进行定责。质控系统保证了对配送异常的及时跟踪，同时为降低损耗提供质量保证。

⑤监控和报表。

为管理层和领导层提供决策支持，青龙系统采用集中部署方案，为全局监控的实现提供了可能。集团可以及时监控各个区域的作业情况，根据各环节顺畅度及时作出统筹安排。

⑥GIS。

GIS 也叫作地理信息系统。基于这套系统，青龙将其分为企业应用和个人应用两个部分，企业方面利用 GIS 系统可以进行站点规划、车辆调度、GIS 预分拣、北斗应用、配送员路径优化、配送监控、GIS 单量统计等功能；而个人能够获得 LBS（基于位置服务）服务、订单全程可视化、预测送货时间、用户自提、基于 GIS 的 O2O 服务、物联网等诸多有价值的物流服务，通过对 GIS 系统的深度挖掘，使物流的价值进一步得到扩展。

（3）青龙系统从 1.0 到 3.0 的升级蜕变过程。

京东的系统是所有电商系统中升级迭代最快的系统。青龙系统的倒三角模型如图 4－3 所示。

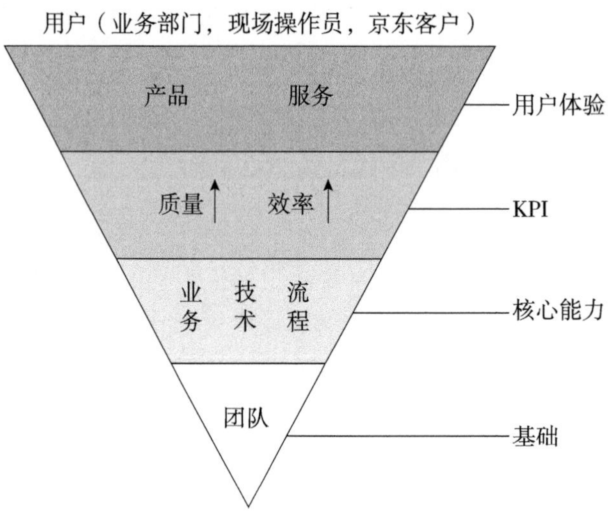

图 4－3　青龙倒三角模型

注：KPI，关键绩效指标。

资料来源：Useit 知识库。

①青龙系统 1.0 功能成效。

第一，实现了性能与效率的提升。青龙 1.0 解决了信息系统不完善和系统架构不合理的问题，构建了合理的业务流程，同时建造了更为高效的信息管理系统，实现了海量信息处理的能力，能够满足海量数据的日常处理能力。青龙系统对原有系统进行了重构，使得分拣系统与配送系统达到了全方位的服务能力的提升。同时，通过提升系统运行效率，提高了站长、配送员等员工的工作效率，并支持京东销售规模的不断扩大，为用户带来了更为方便、快捷的购物体验。

第二，实现了业务种类多样性。青龙 1.0 全面支持京东业务的多样性，不仅支持自营模式下的站外、站内及自提的配送业务，还增加了非自营模式下的站内、站外合作的业务类型的支持功能。青龙系统具备支撑未来京东快速开展二、三线城市的自营站点与合作站点建设的能力，能够让更多的客户享受到“211 限时达”服务。

第三，实现了全面、精细化的信息管理。青龙系统功能全面，不仅实现了站点收货、站点验货、配送员收货、配送等正向操作功能，还实现了上门取件、上门换新等逆向功能，为用户提供了更为方便快捷的配送服务。此外，还能实现对物流整个环节的监控和精细化的管理。实时监控系统、基本运营和分拣运营监控、配送运营监控及合作运营监控。

②青龙系统 2.0 功能成效。

第一，打通整个供应链运营。规划了车辆管理、调度中心、逆向物流、站点集货、订单截留、预约配送、周转箱、内部质量管理、返单管理、物料管理、业务决策报表、报表邮件推送等功能。

第二，自提柜系统。在青龙 2.0，京东推出了自提柜系统，用以解决“最后一公里”的难题。经过不断地更新改良，自提柜的功能也在不断丰富，水电缴费、一卡通充值、社区 O2O、冷藏、冷冻，生鲜自提、Wi－Fi 热点等诸多功能将会逐步实现。京东自提柜系统如图 4－4 所示。

第三，技术变革。实现跨平台协同：青龙团队实现和大京东 IT 基础技术架构的融合，对系统持续进行技术优化，包括 SOA（面向服务的架构）框架、

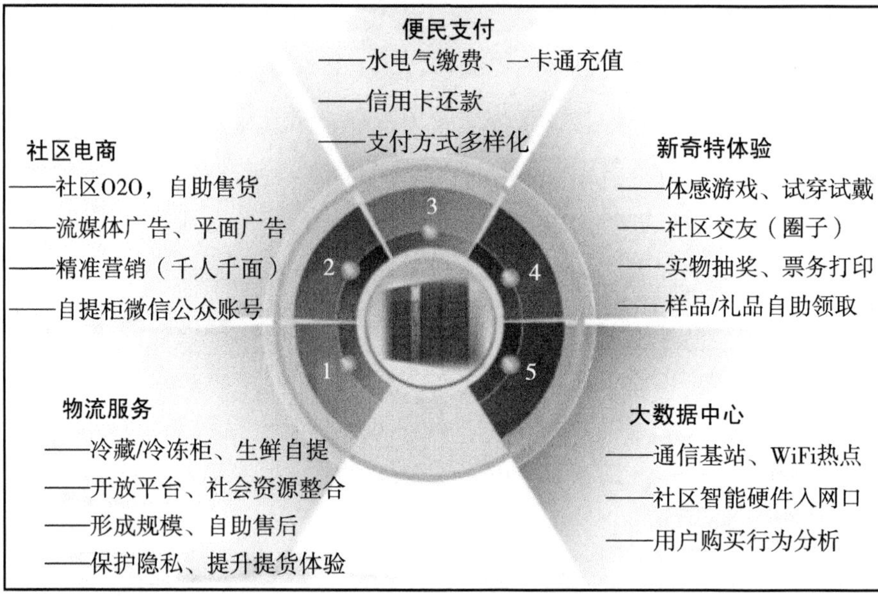

图 4－4　京东自提柜系统

资料来源：Useit 知识库。

分布式调度、Redis①、MQ（消息队列）、分布式 MySQL（关系型数据库管理系统）等，保障系统平稳运行，提升系统效率。针对架构研发团队进行了诸多改进，如基于 Redis 的分布式调度，做到了兼容已有数据库方案，实现了平滑升级、重启不会丢数据、高并发、支持批量处理、支持防重注、支持 Redis 故障（自动和手动）切换。

③青龙系统 3.0 功能。

2014 年青龙 3.0 将“对外开放，构建生态系统”作为最重要的战略之一。为此京东打造了物流配送开放平台，其中外单系统作为整个外单业务的支撑，从配送官网、外单 CRM（客户关系管理）、商家合同管理提供全面的服务。在不断更新完善的过程中，实现了 B 商家客户端、外单 API（应用程序编程接口）、接货中心等外单接单系统的构建。而分拣、运输、终端等配送操作也实现了部分外单操作的功能。

---

① Redis，一个开源的数据库存储系统。

第一，实现开放平台支撑。完成了SOP（销售订单处理）订单对接和ISV（独立软件开发商）对接等重要项目，外单开放平台浮出水面。青龙业务模式也开始从京东内部物流系统转变为社会化物流。

第二，实现全网跨平台运营支撑。在技术层面，随着系统对稳定性，性能和客户体验等要求不断提高，研发团队在系统分层、跨机房部署等方面也取得了突破。

3. 案例评述

京东物流依托电子商务，采取垂直一体化模式，建成了高效快捷的物流体系，特别是随着该企业无人仓、无人机、无人车、无人配送站等智慧化物流操作投入使用，成为目前京东物流的竞争优势。为了进一步提升京东物流的核心竞争力，京东目前以“青龙”系统为基础开始筹建智慧物流模式。青龙系统从青龙1.0版本发展到现在的3.0版本，实现了功能上的与时俱进，提升了智慧化物流水平。目前，京东物流正在大力投入研发“青龙”系统的后续版本以及其他智慧物流相关技术，为提高智慧物流水平而探索。

4.3.2 中通快递

1. 企业概况

中通快递是一家集快递、快运、跨境、商业、云仓、金融等业务于一体的大型集团公司。自创建以来，中通快递紧抓邮政体制改革、经济转型升级、产业结构调整、电商蓬勃发展等政策和市场机遇，依托“众创、众包、众扶、众筹”的双创模式，激发全网30多万员工创业、创新的热情和激情，不断优化经营管理、提升服务水平，助力各行各业提升物流效率、降低流通成本。一直以来，中通快递秉承“科技强企”的理念，赋能全生态圈，主动创新，优化内部运营，不断提升客户服务水平，创造客户价值。

目前中通快递已成为国内业务量巨大、发展稳健的快递企业之一，2017

年中通快递业务量达到62.2亿件。中通快递拥有一支业界领先的用户交互研究和设计团队，互联网产品研发体系已建成营销、客户服务、网络末端、转运中心、运输、金融、智能设备、协同办公八大数字化产品线，覆盖快递业务全生命周期，支援生态圈业务。

2. 智慧物流发展战略

（1）智能平台。

中通快递作为快递行业的领先者，持续深化自主创新，自主研发快递业务管理系统——中天核心业务系统。该系统打破了原来各个单独系统的信息孤岛，将人力资源系统、财务系统、OA办公系统、快递业务系统、仓储系统等有效整合，形成具有全天候业务能力的系统集群，为中通快递持续高速发展保驾护航。

为给客户提供优质、便捷的“一站式”下单服务，中通快递推出用户线上下单平台系统——“乌拉诺斯”平台，打造全开放、全渠道的服务平台，下单方式除在支付宝、微信、官网、客户端外，还对接了第三方下单渠道，客户可通过50多种渠道进行线上下单。截至2017年11月，“乌拉诺斯”平台日下单量已突破120万次。

“中通来了”是中通快递推出的智能寄递系统，客户通过扫描业务员的专属二维码，进入“中通快递”服务号页面，输入收寄信息进行在线下单，快递员通过“掌中通”App接收下单信息并揽件，使用随身携带的打印机进行面单打印，实现快件寄递环节的高效便捷。“中通来了”具备单号回收功能，能将30天内未使用的单号回收再利用。系统配套使用的电子面单体积更小，每张面单可节约成本0.1～0.3元，减少纸张资源浪费。截至2017年年底，中通快递电子面单全网覆盖率达93.06%。

快递分拣是快递寄送过程中的重要环节，提高分拣效率是实现物流高效配送的关键。中通快递自主研发的全自动分拣系统目前已在全国大多数分拨中心启用，该系统单层每小时可分拣快件2.3万件，双层每小时可分拣快件4万件。自动化分拣流水线免去繁琐的分拣流程，实现一站式分拣操作，极大提升分拣效率，节省人力，促进快递行业从劳动密集型向技术密集型转变。

为了保障“最后一公里”的高效派送，中通快递积极投入先进设备，采用无人机替代快递员进行快件派送，全面提高配送时效。同时全网推广使用智能快递柜，为快递员和客户提供环保节能、便捷高效的体验。2017 年，中通使用丰巢智能柜收派件量达 18878 万件，其中派件量为 18627 万件，占派件总量的 3.3%。

（2）智慧物流技术应用。

①无人车。

功能是自动驾驶的送货舱，充裕的货舱空间可以存放快递包裹等，显著节约送货员的时间和精力，增强“最后一公里”运力。场景是校园、工业园区等低速地段。技术是独创的以摄像头为主、激光雷达和其他传感器为辅的自动驾驶解决方案，达到更高分辨率和更远距离感知系统，让自动驾驶更安全的同时显著降低成本。同时独创了摄像头、激光雷达融合的高精地图和定位，实现更高准确率定位。应用现状方面，目前在中国的某些开放园区协助快递员开展配送业务，2018 年下半年将推广至多个城市。未来发展趋势方面，将扩大、延伸场景，将部分开放道路与低速园区场景融合，延伸至服务半径 3km 社区。

②无人机。

某复合翼垂直起降无人机由中通快递联合西安富沃德光电科技有限公司研发，采用先进气动性能双翼布局和垂直起降方式，全电动，航程 100 公里，最大载重 30kg，翼展 3500mm，机身长度 2450mm，最大起飞重量 30kg，最佳巡航空速 100km/h，续航时间 2～5 小时，有效载荷 ≥8kg，实用升限海拔 5000m，最大起飞海拔 4000m，使用环境 –20℃～50℃，垂直方向定位精度 3cm，抗风能力 6 级。

无人机双尾撑固定翼结合四旋翼的复合翼布局，以简单可靠的方式解决了固定翼无人机垂直起降的难题，同时兼具固定翼无人机航时长、速度高、距离远的特点和旋翼无人机垂直起降的功能。

③神州系统。

神州系统是中通快递自主研发的网点智能管理平台，旨在展示网点管理最佳实践、提升网点经营管理水平，为网点提供与下属承包区、业务员、客户之间的结算工具，提升网点整体结算效率，降低财务运营成本。

④掌中通。

掌中通是中通快递员专用的移动互联网 App，是快递员订单揽收、打印、录单、实名寄递、收款、派件通知、签收、问题登记等日常工作的必备工具，同时还有物料购买、消息交流、培训学习等增值功能。

3. 案例评述

近年来，中通快递基于应用端开展技术研发成果，如商务市场业务智能方案、柔性供应链支持方案、共享平台随机订单处理方案等。中通快递未来要实现的目标是既要满足规模化、计划性的服务需求，也要满足碎片化、即时性的服务需求。

中通快递在智慧物流方面的投入才刚刚起步，要走的路还很远，未来行业的竞争，由以前的产能、规模竞争慢慢地向科技化、智能化、精细化管理等方面转变。中通快递在近些年已经意识到这一点，也在一直加大对这方面的投入，资金、人员、技术等方面的投入比例都得到了一定的提高，未来的中通快递将是一家科技和信息驱动的公司。

4.4 智慧汽车物流典型案例

汽车物流是汽车制造商生产经营活动的重要组成部分。随着生产技术水平的不断提高，企业内部管理手段的不断加强，企业在可控的生产过程内降低成本的空间越来越小，可采用的手段越来越少。而在生产之外的采购、运输、仓储、包装、配送等环节却有很大潜力可挖。所以，积极采用先进的物流模式和物流技术来降低物流成本成为继降低人工成本和生产资料消耗成本之后的又一重要经营手段。中国汽车产业正在形成供应链体系，如钢厂与汽车厂之间、整车厂与配件厂之间、汽车生产厂与分销商之间正在逐步形成战略合作伙伴关系。支撑这些合作关系的是物流与配送的服务。汽车整车及其零部件的物流配送是各个环节必须平滑衔接的高技术行业，是国际物流业公认的最复杂、最具专业性的领域。

近年来，中国汽车工业持续高速发展，产销量屡创新高，有力地促进了汽车物流行业的成长壮大。而在“互联网+”背景下，汽车物流行业又面临新的机遇，发展前景更为明朗，但也需要正视可能的挑战。随着物联网、云计算及移动互联网等新一代信息技术在汽车物流领域的应用，“互联网+”首先改变原始的物流运作模式，全面推行信息化，使得实现智慧物流成为可能。“互联网+”形势下的信息化，利用移动互联网的优势，在管理监控、运营作业、金融支付等方面实现信息共享，实现整个物流供应链信息化。

4.4.1 安吉物流

安吉汽车物流有限公司是一家专业从事汽车物流的企业，在企业面临经营困境的背景下，从物流运作流程的优化、信息化技术的研发与应用、复合型物流网络的构建三方面来提高企业汽车物流的运作效率，最终实现了由传统储运服务型企业向第三方汽车综合物流服务供应商的转变。安吉物流依靠管理、技术、网络的相互协作开创了汽车物流企业发展的新路子，现已发展成为中国汽车物流行业的龙头企业。

1. 企业发展概况

安吉汽车物流有限公司（以下简称“安吉物流”）成立于2000年8月，是上汽集团的全资子公司，其前身是上海汽车工业销售总公司长征储运经营部。公司注册资金5亿元，共有员工17000人，主要从事商品车物流、零部件物流、口岸物流三大业务，以及相关的物流策划、物流技术咨询和物流管理培训等服务。

安吉物流先后成立了七家公路运输子公司、一家水路运输子公司、两家铁路运输子公司、一家仓储服务和零部件物流合资公司和两家口岸物流合资公司。拥有上海口岸唯一的专业化汽车滚装码头，以及50家仓库配送中心，仓库总面积超过440万m^2，是国内第一家同时拥有公路、铁路、水路运输资源的汽车物流企业。重要客户有上海大众、上海通用、上汽通用五菱、一汽丰田、广汽丰田、比亚迪、浙江吉利等国内大型主机厂。

目前，安吉物流拥有年均400万辆商品车的物流服务能力，约占国内整车物流市场35%的份额，是中国最大、世界前列的专业汽车物流企业。在商品车物流业务方面，安吉物流拥有公路自有运力3000多辆，可控运力7000多辆；铁路自备车348节，在全国管控的仓储资源面积达到470万m^2，形成了以十大基地为依托的全国性物流网络。零部件物流业务方面，安吉物流在全国范围拥有45个运作间，运输线路近250条，业务贯穿入厂、售后、进出口与包装等供应链运作全过程，为超过100家客户提供服务。口岸物流业务方面，安吉物流拥有滚装码头岸线1000m，4个滚装泊位，年吞吐能力超过100万辆；3个增值服务中心，年服务能力超过50万辆；具备无船承运人以及国际货运代理能力。

安吉物流创造了中国汽车物流行业的若干个“第一”。如第一家建立乘用车仓储中心，第一家引进商品车运输“零公里”概念，第一家与铁路局合资成立商品车运输公司，第一家具备公、铁、水三位一体运输能力，第一家拥有专业汽车滚装码头，第一家发起成立汽车物流协会，参与制定第一部汽车物流行业标准，第一批国家5A级综合服务型物流企业，第一家获得物流高新技术企业称号等。

2. 安吉物流企业发展策略

为实现企业质的飞跃，安吉物流从物流运作模式、物流信息技术、物流网络探索开始，踏上了一条自身物流的蜕变之路。

协同效应，简单地说，就是“1+1>2”的效应。协同效应可分外部和内部两种情况，外部协同是指一个集群中的企业由于相互协作共享业务行为和特定资源，因而将其比作一个单独运作的企业取得更高的盈利能力和竞争能力；内部协同则指企业生产、营销、管理的不同环节、不同阶段、不同方面共同利用同一资源而产生的整体效应大于各个独立组成部分总和的效应。协同可以达到资源互补从而优化资源配置的目的。

安吉物流探索发展的新路子便是基于这一原理，但主要侧重于企业内部资源的相互协调。物流网络的构建正是为了实现全国各网点之间资源的共享和信息的及时传输，这需要物流信息技术给予支撑，而对各物流业务运作模式进行合理优化，才能提高网络内部和网络之间的运行效率。安吉物流通过管理、技术、网络之间的相互融合，使企业走上高速发展之路。

（1）流程优化。

①“两级分拨发运”式的商品车物流运作流程。

安吉物流通过控股或参股其他运输企业以及与部分运输企业结成战略联盟来整合运力，再根据业务资源状况，将其全国的商品车物流业务范围按照地区划分为若干区域或若干条线路，然后将某个区域（线路）的业务指派给一个或几个运输公司经营。

在业务的具体运作上，安吉物流采用“两级分拨发运”体系：各生产基地的成品整车从整车分拨中心（Vehicle Distribution Center，VDC；主要功能是负责商品车下线后的检查并按计划发运至全国各 VSC，或直接向周边区域的经销商进行车辆配送）运至各整车仓储中心（Vehicle Storage Center，VSC；主要功能是接收从各 VDC 运至的商品车，并按照计划将商品车发运至经销商），然后交付给授权经销商或直销客户；如业务需要，也会由 VDC 直接发运至经销商或直销客户。

在商品车运输方面，安吉物流由早期单一的公路运输转变为采用多种运输方式的联合运输。即从主机厂到 VDC，以公路运输为主，在大多数情况下主机厂与 VDC 是一一对应的关系，且地理位置相邻；从 VDC 到 VSC，存在着公路、水路、铁路三种运输方式，“多式联运”以及各种运输方式的比例是必须考虑的因素；从 VSC 到经销商，全部通过公路运输配送；从 VDC 到经销商（直发），基本通过公路运输配送到门。

②基于循环取货（Milk－Run）方式的零部件配送流程。

以往，国内零部件供给商通常自行将零部件运送到生产商指定地点。常见的供货方式有：

大件供给商实施“门对门”的直接供货，供给商直接将零件排序送到生产商的装配车间门口，如汽车座椅等。

供给商把零件送到生产商周边的仓库，进行存储、排序，再送到生产商，如车门外饰板等。

供给商先把零件送到生产商的第三方物流 RDC（零件再包装中心），然后由 RDC 配送到生产商。

这种供货方式的弊病会随着车型的增加、国产化率的提高，以及供给商绝对数量的增加而愈来愈严重。为能有效地为客户降低库存、节约运输成本，安吉物流开始对零部件供应模式实施改革与优化，逐步放弃早期的供应方式，采用循环取货（Milk－Run）方式的零部件配送模式。

具体运作方式是每天在固定的时刻，卡车从制造企业工厂或者集货、配送中心出发，到第一个供应商处装上准备发运的原材料，然后按事先设计好的路线到第二家、第三家，以此类推，直到装完所有安排好的材料再返回。该方式省去了所有供应商空车返回的浪费，提高了运输车辆的装载率，同时使物料能够及时供应；发运货物少的供应商不必等到货物积满一卡车再发运，可保持较低的库存，在最大程度上实现了 JIT（准时制生产方式）供应。循环取货方式给安吉物流和客户带来的效益是非常明显的。

③海陆联运式的口岸物流运作流程。

上汽集团建有上海金桥、烟台东岳和沈阳北盛三大整车和动力总成制造基地，烟台东岳主要生产赛欧、爱唯欧、景程等雪佛兰品牌车型；上海金桥主要生产别克和凯迪拉克品牌系列轿车；沈阳北盛主要生产 GL8、科鲁兹等车型。

为了支持异地生产，上海通用需要将从江浙一带采购的零部件由上海运输到烟台和沈阳，并将东岳发动机工厂生产的成品发动机和烟台汽齿厂生产的变速箱从烟台运输到上海。

口岸物流业务以安吉物流下属的上海海通国际汽车物流有限公司和上海海通国际码头有限公司（以下简称“海通”）为核心，运营沿海南北航线，已设立深圳、柳州、烟台、天津、大连、营口、沈阳和哈尔滨8个服务网点。

海通采用海陆联运模式完成上述运输任务，即将采购的国产零部件通过陆路运输运到海通码头装船，由水路运送到烟台和沈阳，再经陆路运输到当地的生产工厂。通过海陆联运模式，提高了取货频率，缩短了货物与仓库的周转周期，降低了库存成本，较完全使用公路运输节省了60%的成本。

此外，汽车生产商在成品车下线后，需要将商品车运送至全国各地经销商或者直接发往客户手中。在商品车配送过程中，从上海由VSC发往天津、大连、东莞、重庆等沿海沿江地区的商品车，安吉物流同样采用海陆联运模式。安吉物流口岸物流运作模式如图4－5所示。

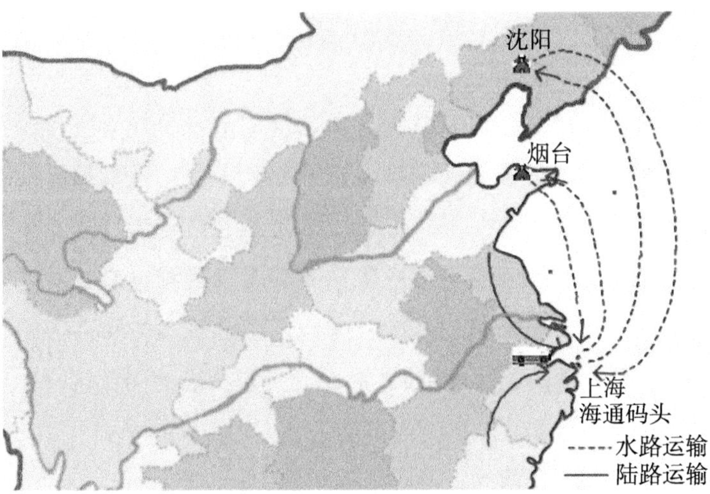

图4－5　口岸物流运作模式

（2）技术应用。

安吉物流在优化运作模式的同时，注重技术的研发与应用，秉承技术创新是企业源动力的创新理念，积极引进先进的物流技术，并自主开发多项核心技术。公司成立了物流技术部作为技术开发、项目管理和知识管理的主导部门，由专职技术副总经理领导技术研发工作的开展；建立了较为完善的技术管理制度，编制了《研发项目管理规定》《研发费用核算管理规定》《研发项目设施设备管理办法》等文件。同时按照上汽集团的要求做好技术管理工作，定期开展企业研发能力评价、技术创新奖创评、专利管理等工作。

由于业务量庞大，为保障物流全过程的可控性，安吉物流开发了适合公司业务的物流信息系统，以信息系统作为业务指导平台，实现物流管理的信息化，增强物流信息服务的透明度。已经开发成功的物流信息平台主要有商品车物流信息系统平台、物流中心选址决策支持系统、整车订单智能调度系统、路径优化系统、在途车辆监控系统、全国区域运输监控系统等。

通过物流信息系统平台对物流业务实行网络化管理，使得物流运行效率与服务水平、资源利用率与物流成本、对客户的快速反应能力与柔性化服务都达到了一个新的高度。

（3）物流网络构建。

由于厂商的位置和销售区域发生变化，基于销售前移战略，为能够有效地掌控物流资源，实现各业务资源整合利用，2011 年，安吉物流开始谋划区域集散、配送基地、运营组织方式、线路优化等战略举措，逐步构建复合型物流网络（是指在主要节点城市形成多功能的区域物流中心，并以区域物流中心为极核形成单核式空间结构，最后由若干个单核式空间结构通过运输网络组合成具有协同效应的物流网络），形成具备多功能的物流平台，实现以信息化为基础的区域化运作。

①单核式空间结构向网络式空间结构转变。

上汽集团在上海、南京、宁波、武汉、重庆、柳州建有制造基地。2000 年之前，安吉物流专业服务于上汽集团，公司物流业务基本沿长江流域分布，网络空间模式采用以上海为中心的单核网络空间结构模式。由于规模较小，物流业务和服务客户单一，物流活动范围较为固定，该模式有一定的优势，便于集中管理，并且也取得了很好的成果。2000 年之后，安吉物流开始独立从事汽车物流服务，公司规模和服务范围逐渐扩大，服务客户已不再限于上汽，物流业务量逐渐增加，相继成立了众多子公司基地，使安吉物流业务变得更加繁重和复杂。由于仓储平台较为单一，辐射范围较小，并且公司总部与各运输公司采用多层运作的管理模式，这种集中管理模式的弊端逐渐凸显出来。

为此，安吉物流已经着手将现有网络结构调整为复合型物流网络结构，即实现由单核式网络空间结构向以区域物流基地为中心的网络式空间结构转变，由总部—运输公司的多层运作管理模式向以区域物流基地为主的整体运作管理模式转变，由单一的仓储平台向具备多功能的综合性物流平台转变。安吉物流将全国划分为十大区域，各大区域内分别依托码头或上海铁路构建十大物流基地：大连、天津、青岛、南京、上海、广州、武汉、柳州、西安、重庆，并分别以各个基地为中心向周边地区辐射，最终形成由十大单核网络结构组合而成的网络式空间结构。同时，安吉物流计划将各区域物流基地，建设成具备仓库、站台、码头、驳运车停放、办公等多项功能，集管理、运输、仓储于一体的公共综合性物流平台。

调整后的网络结构可以增强辐射能力，扩大覆盖范围，实现企业资源协同效应；更加贴近服务客户，提高客户需求的快速响应能力，满足客户不断提高的服务要求；有效地控制资源，强化区内资源的稳定持有并有效利用；前移管理现场，保持与不断攀升的运量相适应的运作能力和突发事件的快速处理能力。

②单一运输方式向多式联运转变。

早期，安吉物流大多采用单一的公路运输方式，不仅运输风险大，而且成本较高，效率也难以保证。为解决单一运输方式所遇到的问题，安吉物流逐步向多式联运方式转变。

安吉物流针对不同运输线路，采取不同的运输方式。例如：对于广州、天津等沿海地区的整车运输，安吉物流主要采用近海航运运输方式；对于武汉、重庆等沿江地区的整车运输，安吉物流主要采用内河航运运输方式；对于其他城市，安吉物流主要采用铁路运输方式。总体而言，铁路运输主要用于从上海由VDC发往西安、天津、昆明、东莞、德阳、拉萨、乌鲁木齐等地的长途运输任务；水路运输主要用于从上海由VSC发往天津、大连、东莞、重庆等沿海沿江地区的运输任务。在保证交货准时率的情况下，安吉物流充分利用大批量、低成本的水路和铁路运输，以及快捷、灵活的公路运输相连接的多式联运方式，均衡调节，一集一散，在降低物流成本、提升效率和客户满意度方面的问题都得到了有效的改善。

③独立型运输线路向协调型运输线路转变。

以往，安吉物流三大业务板块各自具有独立的运输线路，各运输线路之间无法进行有效的资源利用，导致企业物流成本增加。为此，安吉物流在各大区域之间，广泛利用水路、铁路的规模运输优势，设立7条水路干线、15条铁路干线以及若干条公路干线，进而实现高效转运。在各大区域之间利用滚装船和火车进行干线运输；在各大区域内，采用公路运输，建立若干条区域支线车队实现区域覆盖。

（4）发展思路。

“十三五”期间，安吉物流将以“全国化网络，一体化管理，透明化系统，专业化品牌”四化为方针，继续优化供方管理模式，将制造业的管理模式融合到企业管理当中，以管理创新加速企业运营效率的提升，最终实现44%的国内市场占有目标。

其中，在技术研发方面，安吉物流将保持平均每年递增500万元技术经费的投入力度，继续引进先进的物流技术，重点在节能减排、运输车辆轻量化、智能化调度和可视化管理等方面加大研发力度，以确保公司在信息化、网络建设以及物流管理技术方面始终处于行业领先地位。

在运输结构方面，安吉物流将充分利用自身强大的物流网络，继续对已有的运输结构进行持续优化。依托公路运输，以航运与铁路运输为物流资源整合方向，大力拓展海通六期码头集疏运体系建设，打造“多功能、复合型”的复合交通枢纽平台，形成更加完善的公路、铁路、水运多式联运网络，在降低企业运输成本的基础上，不断提升企业的运输效率，从而满足客户多元化的需求。

3. 案例评析

安吉物流服务对象由最初的上汽集团主机厂拓展至几乎全国所有汽车主机厂，客户既有欧美系、日韩系，也有国内国有、民营系，运作要求各不相同。在内外因素困扰的情况下，安吉物流审时度势，积极谋划自身物流发展的新路子。为此，物流运作模式、物流信息技术、物流网络三者的相互融合，成为安吉物流实现自身智慧物流蜕变的有效途径。

流程优化是一项重要的发展策略，是对现有业务流程的不断梳理、完善和改进的过程。由于汽车本身具有的特殊性，使其运输具有很大的复杂性，完善、合理的运作流程就成为公司提升物流运行效率、保持企业竞争优势的必然选择。

物流信息技术是现代信息技术在物流各个作业环节中的综合应用，是现代物流企业发展的原动力。

物流网络结构是由执行物流运动使命的线路和执行物流停顿使命的节点两种基本元素所组成的网络结构。全部物流活动都是在线路和节点进行的。为此，运输线路、运输组织方式和区域网络中心三者之间的融合贯通，将成为决定网络经济效应发挥的重要因素。

4.4.2 长春一汽物流

长春一汽国际物流有限公司是一家专门从事汽车物流的企业，是汽车物流领域全球领先的柔性化生产物流配送企业，通过使用特有的筐式配送中心、排序中心的物流配送模式，使一汽大众轿车二厂成为世界上唯一实现跨品牌 5 种车型的混线生产，为主机厂提供优质、准时、高效的零部件物流配送服务，实现与主机厂合作共赢。在 2017 年 5 月与一汽物流有限公司整合以后正在进行供应链一体化整合进程。长春一汽国际物流有限公司在依靠智慧物流相关技术创新成果应用到企业供应链一体化的进程中开创了汽车物流企业发展的新思路，现在已发展成为中国汽车物流行业的领军企业之一。

1. 企业发展概况

长春一汽国际物流有限公司（以下简称“一汽物流”）成立于1997年7月，是一汽集团一汽物流有限公司全资子公司，是一汽集团进出口货物的物流集散地，也是东北最大的集装箱内陆港之一，拥有东北最大的零部件拆散中心和筐式配送中心。一汽物流注册资金2亿元，共有员工6500人。地处吉林省长春市的西端，距离102国道3km，与一汽大众相邻，距一汽集团卡车基地、轿车基地仅5km，交通便利、地理位置优越，占地72万 m^2，年吞吐能力为10万t，拥有铁路专用线1050m，拥有现代先进的集装箱物流管理系统及较为先进的专业物流作业设备。

（1）整车物流。

一汽物流拥有自有轿车运输近千台，在全国拥有100多万 m^2 的整车仓储基地，正在建设的有长春新物流园区、佛山二期、成都二期等项目，届时公司整车仓储面积将达到200多万 m^2；铁路运输方面，正在建设商品车专用发运站台，建成后日发运能力将达到1020台/d，可为用户提供商品卡车发运、商品轿车零公里运输及商品车下线接车、倒运及仓储服务。整车物流致力于打造物流区域一体化平台，对内实施全过程管控及全成本激励机制，对外采取有效引导的资源掌控原则，适时规划、有序推进，逐步建立能融通全国的现代化整车物流管控服务体系。公司的解决方案独特之处在于以满足客户服务的前提下，最大限度地发挥运输和仓储的综合潜力，构建物流资源网络平台，降低整体物流成本。

（2）零部件物流。

一汽物流拥有6万多 m^2 零部件库房，配置高位货架、高位巷道拣选车，采用智能仓储管理系统实现电控自动储发，可根据客户需求提供零部件理货、分拣、排序、配送一体化物流服务。拥有千余台专用零部件运输车，可为用户提供汽车零部件长途干线运输及 Milk - Run 集散服务。零部件物流长期致力于第三方物流运作，采用统一策划、集中资源、集中运力、集中调控的中央管控模式，能够为客户提供零部件物流一体化运作优化方案。拥有占地3

万 m^2 的一汽集团内规模最大的定点包装生产线，可根据客户的具体要求定制包装方案，提供包装设计及纸制、木制包装服务。可为客户量身定制最佳包装方案，最大限度地利用空间，把运输破损降到最低，客户在享受其优质服务的同时，也能看到降低成本所带来的经济效益。

（3）物流技术及信息化水平。

一汽物流严格实行商品卡车背载工艺、轿运车装载工艺等一系列技术标准，采用国内通行的商品车零公里发运、GPS 卫星定位监控系统、LBS（基于位置服务）手机定位系统、商品车自动派发系统、保管区红外线可视监控系统、智能仓储管理系统等物流管理技术，实现物流的全程可视化管理。一汽物流信息管理系统已实现了与上游各主机公司的对接，开通了物流计划接收、派发、统计、结算等网上物流服务。运用自主研发的 TMS 系统完成物流信息的集成，实现网上分拨、在途监控、数据统计，实现客户需求的快速、有效反应。通过不断完善质量技术监督保证体系，为客户提供更专业更优质的物流服务。

公司的主营业务主要集中在中国地区，是一汽解放、一汽轿车、一汽大众、一汽丰田、天津一汽夏利、吉林汽车指定物流运营商。目前正在加速推进“5 + 2”基地群建设，5 大基地群是指长春本部、天津基地、成都基地、佛山基地、青岛基地，2 个集散中心是指上海（含无锡）、武汉分拨中心。

2. 长春一汽智慧物流发展策略

（1）智慧物流纵向产业链运营模式构建。

①供应链一体化。随着“智慧物流 2025”中对未来物流业提出明确的发展方向和中国汽车产业日趋激烈的高竞争市场环境对于提质增效的要求，一汽集团对整个集团物流业务做出了适应未来供应链竞争的业务全面整合，从实物流角度看，以“互联网 +”、大数据、云计算为依托的智慧物流的发展必然会倒逼生产制造型企业将零部件物流业务和整车物流业务整合，走向“产前零部件物流 + 产中零部件物流 + 产后整车物流及备件物流”纵向供应链一体化发展模式。一汽物流物流供应链示意如图 4 – 6 所示。

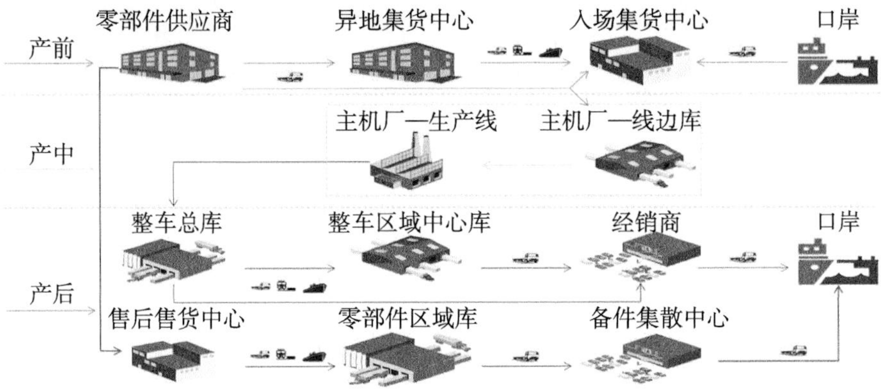

图 4－6　一汽物流物流供应链示意

资料来源：长春一汽国际物流公司。

②物流节点空间布局。物流节点是物流集散和提供多种物流服务的物理空间，是物流实现过程的多功能综合服务平台。生产制造型企业物流节点应以物流服务辐射半径 30 ~ 50 km为好，通过智慧物流的存在真正实现以最低的成本条件下，最高效地实现物权转移或者增值。

（2）供应链一体化的智慧物流信息化建设。

第一阶段（2008—2016 年）：一汽物流自 2008 通过国际招标方式引入企业物流链管理国际排名第 3 的美国 INFOR 公司 WMS 系统，2016 年引入甲骨文公司的 TMS 系统。信息系统软硬件累计投资 4700 万元。目前一汽物流智能物流系统主要由 6 大管理系统构成，分别是企业门户（客户管理系统）、运输管理系统、仓储管理系统、集装箱场站管理系统、海关商检管理系统、出口物流管理系统。一汽物流智能物流系统如图 4－7 所示。

第二阶段（2016—2025 年）：根据中国一汽的物流信息化现状和智慧物流总体发展目标，备战到 2025 年实现物流工业 4.0 的目标，在供应链一体化的智慧物流实现过程中，要以现有的物流管理系统为基础，如 WMS（仓储管理系统）、TMS（运输管理系统）、ERP（企业资源计划系统）、ASCM（供应链管理系统）等系统，充分利用 Internet（互联网）、EDI（电子数据交换）、GIS（地理信息系统）、GPS（全球定位系统）等信息技术，形成一个统一的智慧物流信息平台。该体系由三个层次构成：第一层是围绕一汽集团内各主

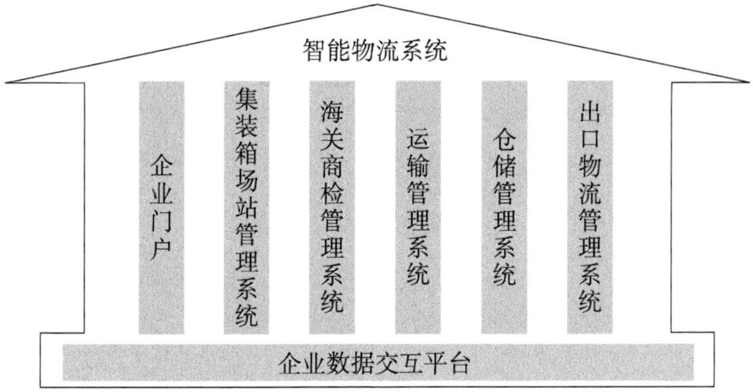

图 4－7　一汽物流智能物流系统示意

资料来源：长春一汽国际物流公司。

机厂的产前—产中—产后业务链条的信息化，包括“物联网＋自动化”设备感知采集；第二层次是集团层面的物流企业服务总线数据采集的标准化；第三层次是建立将标准化的数据采取“大数据＋云计算＋云存储”的信息平台，最终实现集团层面物流供应链信息智慧化，以完成一汽物流到 2020 年整体营业收入达到 150 亿元的战略目标。

一汽物流智慧物流信息平台包含 4 个主要过程，如图 4－8 所示。

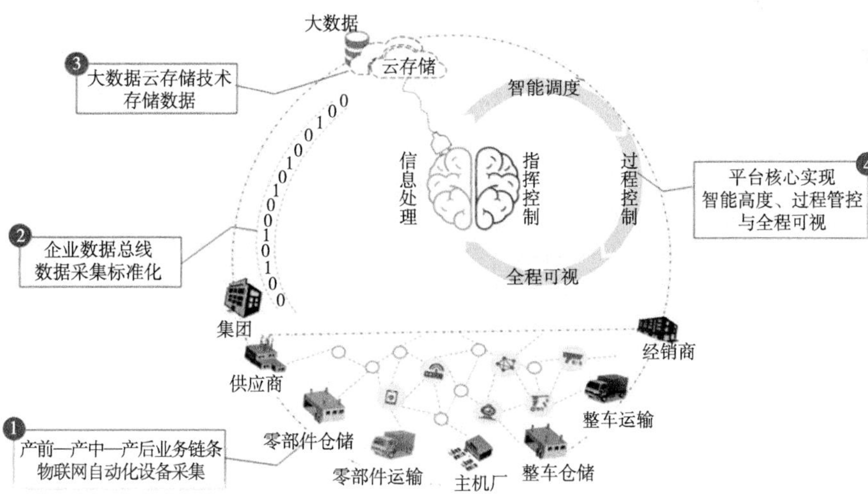

图 4－8　一汽物流智慧物流信息平台示意

资料来源：长春一汽国际物流公司。

关于实现路径，为了支撑一汽物流实物流供应链一体化战略目标，备战一汽物流工业 4.0 的目标，一汽物流梳理了“产前零部件物流 + 产中零部件物流 + 产后整车物流及备件物流”纵向供应链，进行了模块化工作设计，共计 22 个模块，其中需要补强弱项的模块有装载优化系统、产前零部件在途跟踪系统、零部件 WMS 版本统一、任务管理—波次管理—转换包装管理系统、产后整车在途跟踪系统。与行业内竞争对手对标缺失需建设的模块有可视化平台、零部件运输订单管理系统、器具管理系统、建设整车仓储管理系统、整车订单管理系统、安全品质管理系统。需要吸取智慧物流先进经验的模块有路径优化系统、零部件拣货策略模块升级、仿真建模系统、装载优化系统、建设供方管理系统、司机移动交互平台。备战物流 4.0 的模块有主数据管理平台、企业服务总线、大数据分析与挖掘、互联网订单管理系统等。一汽物流智慧物流信息平台补强情况如图 4－9所示。

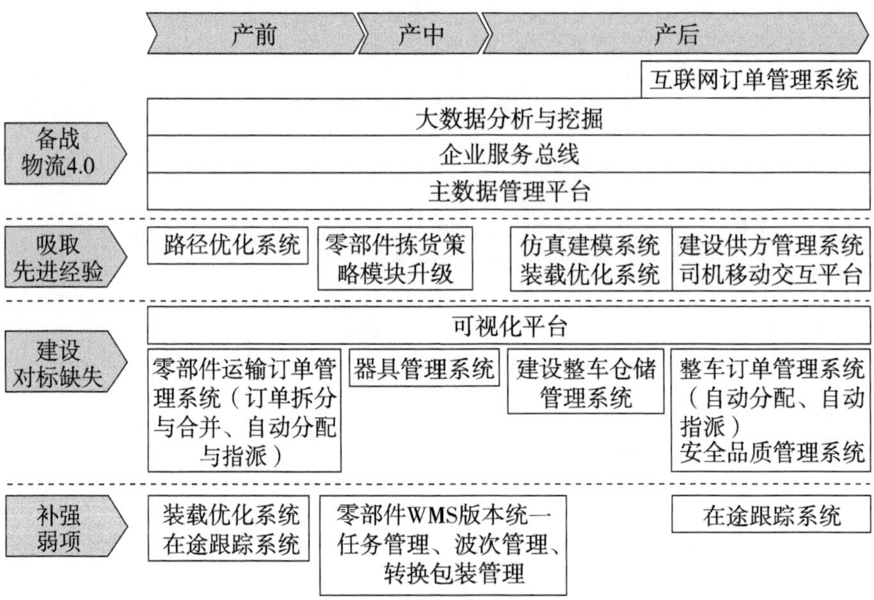

图 4－9　一汽物流智慧物流信息平台补强情况

资料来源：长春一汽国际物流公司。

(3) 智慧物流技术应用。

一汽物流在进行优化供应链、体质增效过程中，陆续应用智慧物流相关技术，如集装箱场站与海关之间的 EDI 系统、集装箱场站与拆散中心之间的运输数据及仓储数据的 EDI 系统、拆散中心内 KLT（周转小箱）零件使用的语音拣选技术、GLT（周转大箱）零件使用的 K 车拣选技术、筐式配送中心内使用 AGV（自动导引运输车）技术替代牵引车、智能化灯光拣选技术、物流超市内使用机械手机器人拣选及电子看板拣选技术等。

预计应用效果如下：

员工劳动强度下降 45%；

操作人员优化 37%；

运输成本降低 12%；

物流环节实现无纸化操作，每年节约 38.7 万元；

客户准时配送率将提升至 99.9% 以上；

减少客户运营成本约 800 万元/年。

一汽物流智慧物流新技术应用场景如图 4－10 所示。

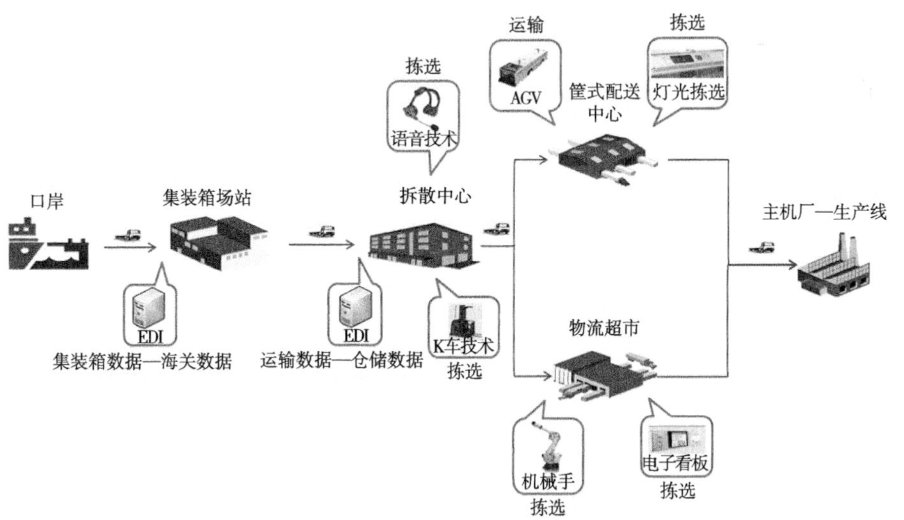

图 4－10　一汽物流智慧物流新技术应用场景

资料来源：长春一汽国际物流公司。

3. 案例评析

一汽物流在中国汽车产业日益成为高竞争行业的大背景下，发展智慧物流成为了企业提质增效的突破口，一汽物流审时度势，积极谋划企业物流发展的新路子。为此，智慧物流纵向产业链运营模式构建、供应链一体化的智慧物流信息平台建设、智慧物流技术应用三者的相互融合，成为一汽物流实现自身物流蜕变与突破的有效途径。一汽物流智慧物流发展战略目标如图4－11所示。

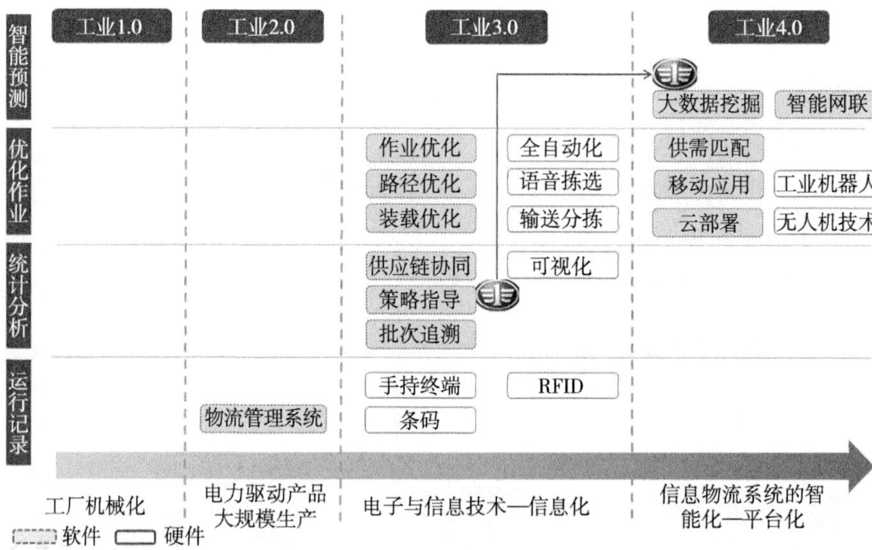

图4－11　一汽物流智慧物流发展战略目标

资料来源：长春一汽国际物流公司。

当前，一汽物流有限公司还处于工业3.0阶段（电子与信息技术—信息化），随着纵向产业链运营模式的深入实施，到2025年一汽物流有望进入工业4.0阶段（信息物流系统的智能化—平台化）。

4.5　“互联网＋”智慧物流典范

大数据和智慧物流技术的发展助推了公路物流发展水平，提升了公路物流效率。其中，车货匹配的运营模式发展尤为突出，车货匹配的效率越来越高，依赖信息不对称赚取利润的方式慢慢消失。车货匹配运营模式的最初设计是去中间化，打掉“信息部”。但是由于在推广过程中遇到了很多阻碍，到后来不得不妥协，从对接直接货主（厂家）与司机转变为对接信息部、物流公司与司机。车货匹配平台的核心业务非常简单，即连接货主端与司机端，物流公司通过货主端发布货源信息，然后通过后台定向推送给订阅相关线路的司机用户。

4.5.1 满帮集团

1. 企业概况

满帮集团是由江苏运满满、贵阳货车帮两家公司合并组成，通过大数据与人工智能降低货车司机的空驶率、提高货运效率，打造一个连接人、车、货三个维度的超级数据平台。其中，货车帮成立于2011 年。截至2017 年7 月底，货车帮诚信注册会员车辆达450 万台，平台日发布货源信息达500 万条，日成交货运运费超过 17 亿元，在全国 360 个城市建立了 1000 家直营服务网点。2015 年至今，货车帮已完成多轮融资。运满满创立于2013 年，在其创立之初，就有打造国内首家基于云计算、大数据、移动互联网和人工智能技术开发的货运调度平台的定位。目前运满满 App 注册货主 85 万、重卡司机 390 万，汇聚了国内 95% 的公路物流货运信息和 78% 的重卡司机，日交易额超过 10 亿元。货车帮与运满满曾互相竞争，但到 2017 年，两家企业的卡车司机用户均达到了 500 万量级，平台货主均超过 100 万家，将其他竞争对手远远抛在身后，形成了极高的竞争壁垒。最终，物流界独角兽“合二为一”，由竞争对手走向合作共赢。

2. 满帮集团智慧物流发展策略

（1）布局物流数据采集终端。

物流大数据信息平台主要通过手机终端完成数据汇集。当用户在手机上下载货车帮 App 后，作为发货方可注册成为货主会员，作为运输方可注册成为车主会员。车主会员主要目标和功能为找货订货，界面上有许多货源信息可供选择并可直接联系货主，一旦接单便在物流大数据信息平台上生成车主与货主的联系数据信息，同时保存在云端存储器中。货主会员则必须在 App 界面上填写货运的基本数据信息，包括货物的出发地点及到达地点、所需车辆类型及长度、运输的重量及运费等。

App 界面还包括了维修救援、购买保险、停车场、购物商场等围绕驾驶员及车辆使用的基本服务信息，另外还有驾驶员手机的位置信息、北斗终端的位置信息、高速公路 ETC 电子收费系统信息等，这些数据信息都在货主及车主的使用过程中汇集到货车帮的物流大数据信息平台，进入了云计算平台的存储系统中。

（2）打造物流大数据信息平台物流指数。

包括全国运力分布、实时货运信息、货运活跃指数、货物类型分布、车辆类型及车长分布等多项统计数据指数，这些指数的数据来源于平台布置的算法模型计算结果。

全国运力分布。该指数记录了全国的运力数据，运力数据的显示通过地图上各省色彩的差异表示，它准确地记录了全国各省当天的运力现状。

实时货运信息。该指数记录了货源的出发地和到达地数据，并将发生承运的实时信息用地图上闪过的圆弧亮线表示，出发地为一个亮点，由亮点射出的圆弧亮线显示了承运的货源流通情况。

货运活跃指数。该指数记录了货物的流向及货运量的数据，用两种颜色的柱形图表达不同省份出港及入港物流量的多少。该指数显示了各省货运的活跃状况，即有多少吨运出的货物，又有多少吨运进的货物。

货物类型分布。该指数记录了物流运输中货物类型的数据，即农产品占比多大、机械电子产品占比多大等。该指标能反映出全国物流运输中某类产品的比重，配合上一个指数（货运活跃指数）的计算，成为物流运力优化的基础。

车辆类型及车长分布情况。记录了物流大数据信息平台上货车的类型及车长数据，对货主会员配货十分有价值。

此外，该平台还可记录当日的货运总吨位数、当天的承运能力及交易额等多种数据，这些数据是不可人为篡改的真实数据信息。

（3）建设物流大数据云计算平台。

物流指数的直观表达，源于后台云计算的支撑。物流大数据云计算平台的架构由基础层、平台层及业务层三个部分构成。

第一，基础层作用是对各种结构化、半结构化或非结构化的物流数据进行安全管理。

第二，平台层作用是基于各种算法的数据处理系统，由 MapReduce 并行计算模型（Map 代表映射，Reduce 代表归约）等数据挖掘算法模型以及统计分析、查询等功能构成。典型的 MapReduce 并行计算模型如图 4－12 所示，该模型是数据实时处理的核心。

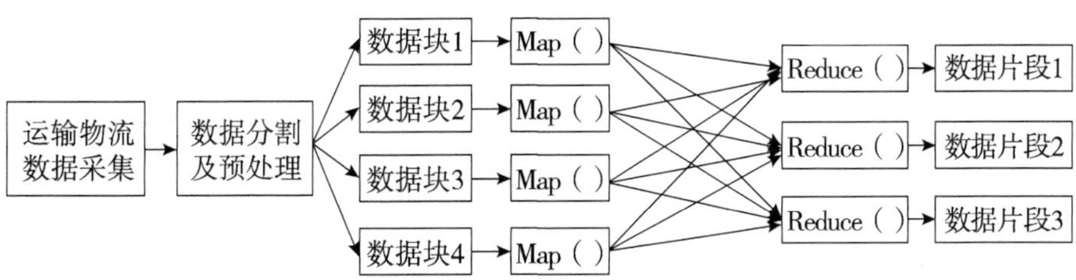

图 4－12　MapReduce 并行计算模型

第三，业务层作用是在平台层的支撑下，提供在线实时应用的业务服务。它包括在线实时查询、实时监控、物流统计指数、信用评级。另外，经平台层的各种智能算法模型运算处理后，可对产品市场、运输市场的指标及效率进行数据分析，并对货物及车辆的安全运输隐患进行预警。

3. 案例评述

资本和技术正在改写互联网物流行业的竞争格局，借助大数据从单一的车货匹配平台向综合的智慧型生态公司转变则成为了车货匹配平台发展的新方向。2017 年 12 月 20 日，满帮集团成立了综合交通大数据应用技术国家工程实验室贵阳研发中心（以下简称研发中心），将通过大数据与人工智能降低货车司机的空驶率、提高货运效率。平台型公司的发展首先需要规模，其次需要技术，但最终能成其为核心竞争力的还是技术。

4.5.2 合肥维天运通（路歌）

合肥维天运通（路歌）在创业之初，就选择了“通过各种信息化应用推动我国物流行业向现代物流演进”的战略发展方向，通关应用物联网技术架构体系以及移动互联网、云计算、大数据、区块链等先进技术，为物流行业的各类角色构建内部管理、外部协作及交易的信息化平台，提升整个行业的效率和服务水平。

1. 企业概况

合肥维天运通信息科技股份有限公司（以下简称“合肥维天运通”）成立于2010年，注册资本4093.75万元，地址位于合肥市高新区，是从事物流管理供应链服务系统研发的国家高新技术企业。合肥维天运通自成立以来，一直致力于货车物流领域的研发与市场开拓，从现代物流管理平台到路歌互联网物流平台（以下简称“路歌”），凝结了无数人的智慧与成果。合肥维天运通连续多年荣获“中国物流与采购信息化优秀案例”奖和“中国物流信息化优秀服务商”称号。

合肥维天运通当下正继续应用物联网技术推进物流产业的信息化进程和物流资源整合进程，力求改变我国物流行业模式原始、效率低下和资源散乱的状况，打造覆盖互联网保险、全程物流保理、网络电子发票、互联网金融等全流程服务。

2. 合肥维天运通智慧物流发展战略

不管是最初的物流软件服务公司，还是现在的综合型“互联网+”物流信息平台，路歌作为国家高新技术企业、安徽省发改委高新技术支持项目，非常重视自主研发实力，通过支持企业研发机构的建设，推动科技成果转化等方式，来培养创新意识，提升企业的创新服务能力。

不同于其他行业，物流运输是一个多级连接且不能去除中间层的“长供应链”，需要企业间跨级协调。很早以前，路歌就意识到 SaaS（软件即服务）技术对物流信息化服务发展的重要性和便捷性，并将此技术运用到了自主研发的路歌互联网物流平台中。

（1）搭建以 SaaS 技术为基础的物流信息平台。

路歌以 SaaS 技术为基础搭建物流信息平台，通过与各系统的对接，将货主、第三方物流公司、承运商、运输公司、车队、货运经纪人（“黄牛”/信息掮客）、卡车司机等各环节连接在一起，打破信息壁垒，实现订单协作交易线上化、运单调度自动化、服务考评智能化，以及车辆调度、在途追踪、异常管理、对账，投保赔付、金融保理等服务一体化操作，真正做到了运输过程透明、可视化、可监督，提升产业链的沟通与协作能力，更提升了物流链条的管理效率与信息化水平。

同时，由合肥维天运通运营并自主开发的“卡友地带”移动社区，已成为目前国内规模最大、活跃度最高的专业卡车司机线上社区，该社区已在全国布局建立“卡友地带”地面服务网点，是中国第一个专门为重载卡车提供以运输电子商务为核心，综合交易、保险、信用、维护、救援等多种业务内容的卡车服务社区。

随着路歌近二十年的持续运营，其积累了海量的运力大数据，包括卡车和司机数据、实时定位数据、小微物流企业业务数据、运费车费资金流通数据等。通过研究与挖掘，路歌对数据进行了有效利用，比如建立路歌车场、运价指数、以大数据替代审核制度的金融保理业务、大数据支撑税收管理的机制等。

（2）探索区块链技术。

路歌认为，基于区块链技术和大数据技术的物流运营数据全面存证，目前比较适合采用联盟链的模式来运作，依托区块链技术的不可篡改、全程可追溯、分布式存储以及数据的安全传输特性，可以实现我国物流运营数据全量存证。目前，路歌正在申请数个“区块链 +”物流信息平台相关专利，涉及到“区块链 +”物流金融、“区块链 +”卡友互帮互助、“区块链 +”第四方物流平台、“区块链 +”物流代收货款、“区块链 +”公路治超管理、“区块链 +”物流公司股权管理、“区块链 +”物流融资、“区块链 +”物流支付和结算等。

3. 案例评述

依靠“互联网 +”高效物流的蓬勃发展，路歌已成为公路运输行业最具影响力的物流信息化解决方案提供商。以信息化技术为基础，以大数据、区块链等新技术为创新驱动，推动物流现代化发展，打造良性智慧物流生态圈。路歌一路高歌猛进，除了企业自身的努力外，也离不开一路获得的支持和帮助，如安徽省合肥市各级政府的物流政策红利以及高新区提供的各项优质服务项目。

5 智慧物流产业发展分析

智慧物流产业同样是物流资源产业化而形成的一种复合型或聚合型产业。传统的物流资源包括运输、仓储、装卸、搬运、包装、流通加工、配送、信息平台等。这些资源产业化就形成了运输业、仓储业、装卸业、包装业、加工配送业、物流信息业等。而在智慧物流时代，物流产业变得更加“智慧化”，它给传统物流资源注入了新的血液，如无人机、无人仓、第三方物流、物流技术研发、智慧化物流平台等，把产业化的物流资源进行更加有效和便捷的整合，形成诸多新兴产业。它是一种复合型产业，也可以叫聚合型产业，因为所有产业的物流资源不是简单的累加，而是一种资源最优的整合，可以起到“1 +1 >2”的功效，使得整个产业合理配置、协调发展。

5.1 智慧物流产业发展概述

5.1.1 产业发展概况

智慧物流是基于物联网的大数据的最佳应用领域。现代物流的方向是智慧物流，物联网技术是智慧物流的基础。现代物流的自动识别领域是物联网技术的发源地，基于 RFID/EPC（产品电子代码）和条码自动识别等技术、各类传感器的感知技术、GPS/GIS 的定位追踪技术，实现物流系统的信息实时采集与上网，实现“物与物自动通信（M2M）”，使得物理世界的实体物流网络“地网”才能够与虚拟世界的互联网的“天网”对接与融合。

互联网与移动互联网是智慧物流的中枢系统。进入互联网的物流信息通过在互联网中集合、运算、分析、优化、运筹，再通过互联网分布到整个物流系统，实现对现实物流系统的管理、计划与控制。

大数据、云计算是智慧物流的大脑。物流信息系统的计算与分析模式是分布式的和网格式的云计算模式，适应了现代物流实体网络体系的运作。

智慧物流技术装备是智慧物流的骨架。物流互联网的实体运作与应用要通过各类智能设备来完成。智能设备是指嵌入了物联网技术产品的物流机械化和自动化的设备，也可以是普通的物流技术产品，其核心是这些设备与技术产品一定要可以实时接入互联网。如嵌入了智能控制与通信模块的物流机器人、物流自动化设备；嵌入了 RFID 的托盘与周转箱；安装了视频及 RFID 系统的货架系统等。

5.1.2 产业发展地位

经济新常态下，物流产业布局进入新阶段。以物流园区、区域分拨中心、物流配送中心、多式联运枢纽等主体的基础设施布局建设进入关键时期。物流产业发展呈现智慧化、多元化、生态化。智慧物流业已经形成依靠技术、业态、模式三大创新源泉的智慧化创新发展格局。

工业 4.0 时代，客户需求高度个性化，产品创新周期继续缩短，生产节拍不断加快，这些不仅是智能生产面临的课题，也是对支撑生产的物流系统提出的巨大挑战。智慧物流是工业 4.0 的核心组成部分。在工业 4.0 智能工厂框架内，智慧物流是连接供应和客户的重要环节，也是构建未来智能工厂的基石。智能单元化物流技术、自动物流装备以及智慧物流信息系统是打造智慧物流的核心元素。智慧物流产业横跨各个产业部门，纵贯各个物流环节，要使智慧物流协调快速发展，需要发挥行业协会的作用。行业协会重点在制定标准规范、开展行业研究、加强成员交流，开展示范评选等方面发挥作用。

5.1.3 行业发展必要性

智慧物流技术可以提升效率、降低成本。我国物流成本占 GDP 比重一直居高不下，多年在 18% 上下徘徊，比世界平均值高出 6.5 个百分点，比美国、日本、德国平均高出 9.5 个百分点。虽然近年来占比趋势下降，但与发达国家相比仍有很大差距。除了制造成本以外，管理效率低下、信息化程度低是造成国内物流成本偏高的主要原因。1981—2014 年中、美、日物流成本占 GDP 的比重如图 5-1 所示。

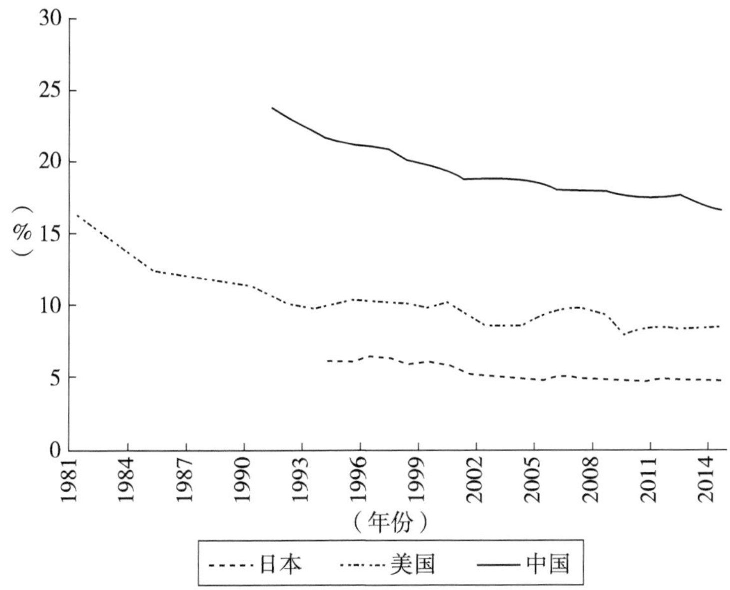

图 5-1　中国、美国、日本物流成本占 GDP 的比重

资料来源：Wind。

智慧物流系统可节约 70% 的土地成本，带来租金成本的大量降低。随着国家加强土地资源管理，土地资源日渐紧张，土地使用成本不断增加，企业需要充分利用有限空间，提高现有土地利用率。而自动化物流系统由于在仓储方面是采用向高处发展的方式，有较高的土地利用率和库存容积率，可减少企业土地成本。

智慧物流系统可降低 80% 左右的劳动成本，解决招工难和人工成本持续增长的问题。同样吨位货物存储时配备的仓储物流人员，自动化物流系统可以节约 2/3 以上；随着国内人口红利的逐渐消失，国内企业的人力成本持续增长，自动化物流系统可以减少人员需求，从而降低人工成本。迅猛增长的智慧物流市场，不只是属于物流公司的红利，诸多行业都会受益于此。

5.1.4 行业效益分析

作为现代物流系统中的重要物流节点，自动化立体仓库在物流中心的应用已越来越普遍。立体仓库单位面积的储存量可达 7.5t/m^2，是普通仓库的 5～10 倍。自动化立体仓库通过高层货架存储货物，存储区可以大幅度地向高空发展，以充分利用仓库地面和空间，这就大大节省了库存占地面积，提高了空间利用率，同时由于使用机械和自动化设备，运行和处理速度快，提高了劳动生产率，有效降低了操作人员的劳动强度。而与计算机管理信息系统联网以及与生产线紧密相连的自动化立体仓库更是当今 CIMS（计算机集成制造系统）及 FMS（柔性制造系统）必不可少的关键环节。

自动化立体仓库在最大限度利用空间、满足生产要求、减轻工人劳动强度、提高生产效率、加强生产和物资管理、减少库存积压资金等方面具有传统仓库所无可比拟的优势，其通过采用计算机等现代信息技术更是有力地推动了企业现代化管理水平的提高。此外，在成本方面，自动化立体仓库与传统仓库相比，其优势也很明显。如图 5－2 所示。

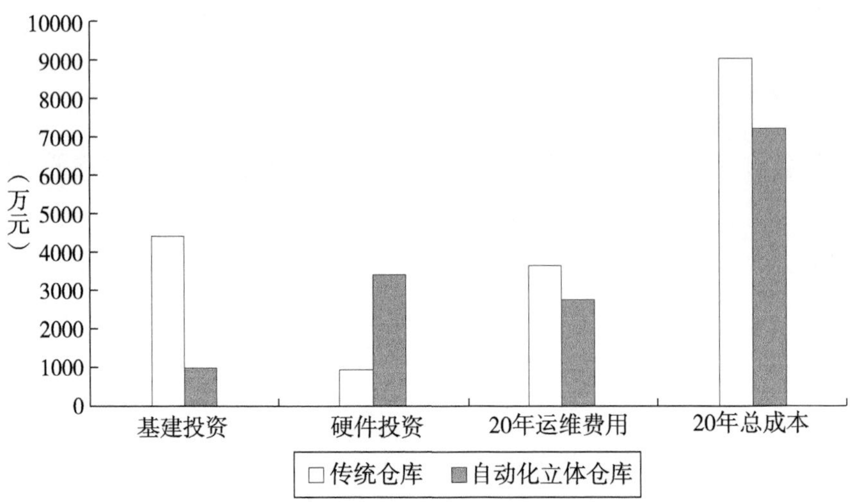

图 5－2 自动化立体仓库与传统仓库投资对比

资料来源：中投顾问产业研究中心。

从长远来看，随着中国土地和人工成本的不断上升，自动化立体仓库较传统仓库的优势将日趋明显，从经济性以及发展性来看，自动化立体仓库将是未来仓储发展的首选。

目前，自动化立体仓库的上述优点已经为越来越多的国内企业所重视，并日益成为企业内部物流特别是其打造现代物流系统当中不可或缺的组成部分，成为衡量企业物流运作与管理水平的重要指标。

5.1.5 智慧物流装备

在智慧物流装备所有的子板块中，叉车和托盘的增速大约在10%，低于行业平均增速10个百分点。其他智能化设备，包括智能穿梭车、立体仓库、AGV、物流机器人、拣选系统、软件等，增速都在30%以上。2014年中国物流装备行业各细分领域增速图5－3所示。

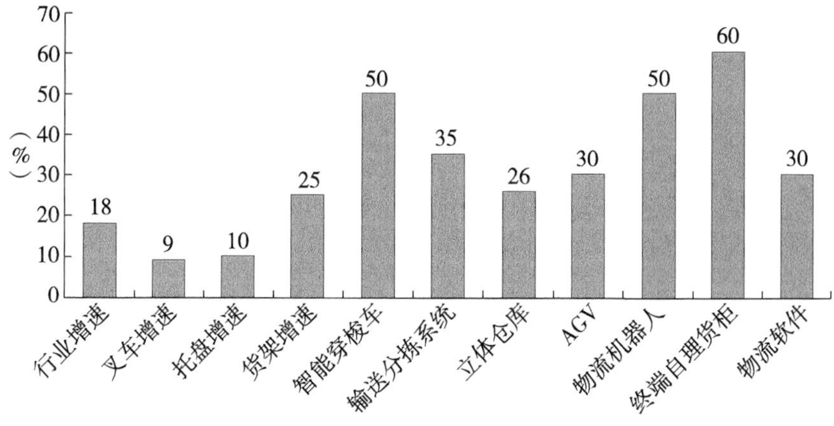

图5－3 2014年中国物流装备行业各细分领域增速

资料来源：中投顾问产业研究中心。

5.2 智慧工厂——流程生产

流程生产，主要是通过对原材料进行混合、分离、粉碎、加热等物理或化学方法，使原材料增值。通常流程生产自动化物流的重点是生产后的分拣和包装，然后进入企业库存，等待发货。典型行业包括乳品、医药、汽车等。

5.2.1 乳品

在2000年初期的时候，国内乳品企业，包括许多著名的企业基本上采取的还是传统的保管/仓储形式，具体来说也就是货架加叉车的时代。随着企业的发展，例如伊利、蒙牛等企业，已经不再是区域性的公司，它们进入了要把产品销售到全国各地，同时布局全国物流网络的战略性阶段。单单靠传统物流的处理方式已经不能满足企业的发展，于是生产发展的要求催化成了物流系统的改变和提升。下面以经典的蒙牛六期自动化物流系统为例，描述乳业的自动化物流。

2006年，蒙牛乳业集团准备建成当时国内规模最大、科技含量最高，集生产、科研、培训于一体的大型现代化液体奶生产厂。该项目主体工程投资10亿元，主车间4.77万m^2，拥有22条生产线，日产鲜奶2000t，由中央控制系统指令各种设备，自动完成从收奶到产品出库的全过程。

（1）成品物流。

成品物流主要包括生产区、入库区、储存区及出库区，如图5－4所示。

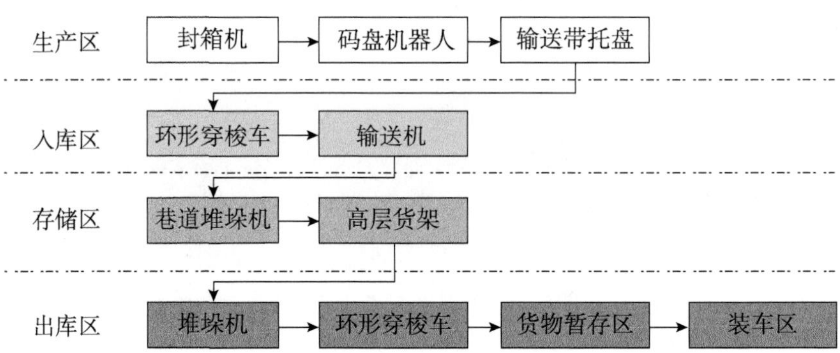

图5－4 蒙牛产品成品物流

资料来源：2017—2021年中国智慧物流行业深度调研及投资前景预测报告。

生产区：22台封箱机经输送链与码盘机器人接头，输送链在码垛前将带产品的纸箱提升至离地面2m处。纸箱由码盘机器人按货架层间距的尺寸要求，整齐地码放在下游输送带上的托盘上。

入库区：码好产品的托盘由环形穿梭车搬运到自动化立体仓库外与巷道堆垛机连接的输送机上。在入库区设有双工位高速环形穿梭车，将入库货物向入库口进行分配。经检测码垛合格的托盘被堆垛机自动放到计算机系统指定的储存区的货位上。

出库区：出库作业区设置 20 个停车位，可以满足 20 辆运输车同时装卸任务。堆垛机从高层货架上取出装有产品的托盘，送到库房外的环形穿梭车上。根据销售清单，产品托盘从滚筒式输送机被送到装货车旁。在环形穿梭车的某处设立产品分拆区域，托盘通过人工分拣后，再回到穿梭车道上。

（2）内包材物流。

内包材物流包括入库区、储存区和出库区，如图 5 –5 所示。

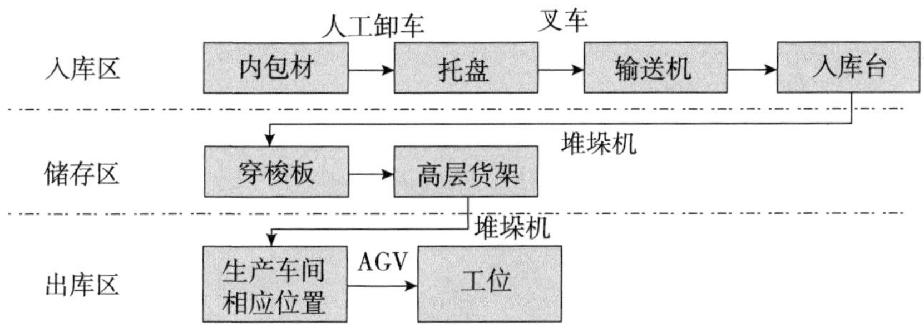

图 5 –5　蒙牛产品内包材物流

资料来源：2017—2021 年中国智慧物流行业深度调研及投资前景预测报告。

入库区：内包材从外部采购回来，由人工卸车码放在托盘上后，用叉车将包材放置到输送机上，运至入库台上。堆垛机接到指令后将货物就近或者按照预先设定的位置先放到穿梭板上，由穿梭板的往复运动将货物放置到储存区的高层货架上。

出库区：由堆垛机自动将所需纸卷、纸盒托盘取出放到和生产车间相通的一端。从库房至生产灌装机之间的物料搬运采用激光导引自动搬运机器人（AGV）。AGV 将整托盘纸卷或纸盒送到无菌灌装机指定的工位，人工辅助上纸卷或纸盒。空托盘由 AGV 送回包材库。

（3）辅料物流。

纸箱在辅料库中指定的工位，由人工将纸箱拆捆后，按生产要求的数量、方向放到搬运车的装载模具内。吸管在辅料库中指定的工位，由人工将吸管拆箱后，把箱内所有的吸管放在搬运车上的周转箱内。纸箱及吸管至生产车间装箱和贴管机的运送，采用空中无人自动搬运悬挂车完成。搬运车可自动将这些辅料送到所需上料的装箱机处，并自动投放到装箱机上的纸箱缓冲工位。生产结束后或更换品种时，搬运车能将剩余纸箱或吸管送回辅料库内。

蒙牛六期自动化物流系统是高科技设备和控制技术的高度集成，以规模大、创新点多、自动化程度高、运行效率高备受业界瞩目。该项目从信息管理控制系统到物流设备应用拥有诸多创新技术。其亮点如图 5 -6 所示。

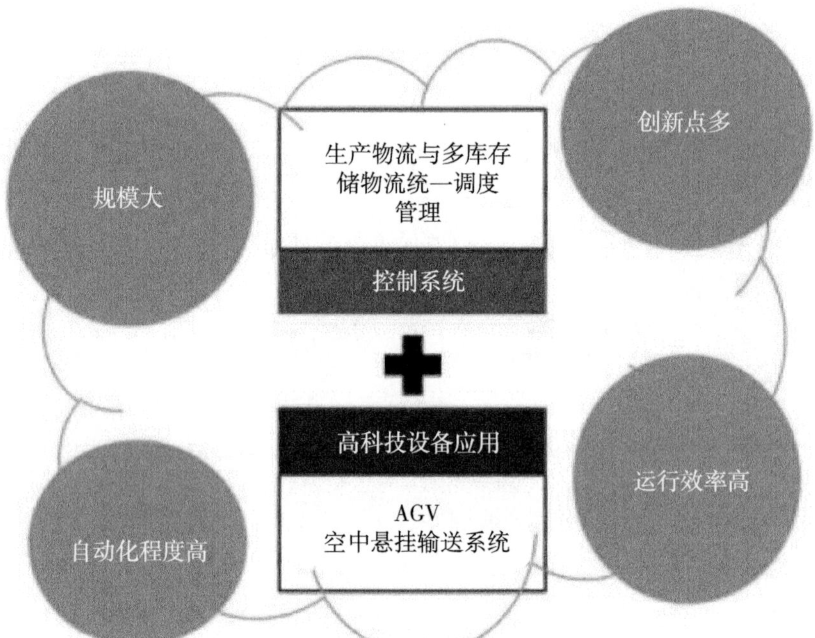

图 5 -6　蒙牛六期自动化物流系统的亮点

资料来源：中投顾问产业研究中心。

在控制系统方面，实现了生产物流与多库存储物流的统一调度管理。物流中心的高度自动化要求对成品自动化库、内包材自动化库、辅料库进行多库统一调度和管理，即建立包括仓储物流信息管理系统、自动化库房控制与监控系统和自动化库房控制执行系统等在内的信息控制系统；实现生产物流与包装的自动化控制、生产物流与存储物流的统一管理调度，以及多库存储与生产物流的统筹管理等。

在高科技设备应用方面，AGV 和空中悬挂输送系统是蒙牛六期自动化物流系统中的最大亮点。特别是在内包材出库环节引入了 AGV，从根本上实现了真正的自动化搬运，成为蒙牛集团同类项目中的一大突破。在其他项目的立体库中，内包材搬运作业多由计算机控制堆垛机使货物下架，由轨道出库。相比之下，AGV 的应用使蒙牛六期自动化物流系统的运输系统实现了智能化，大大提高了工作效率，降低了人力成本。

5.2.2 医药行业

（1）制药自动化物流改造——避免反复装卸。

医用制品从产品完成装箱到销售，传统方式中存在多个环节：成品整箱装盘、整批消毒达到要求时间、先卸盘再装车、成品送至库房存储、空盘送回消毒车间、库存销售后再装车出库。从以上环节可以分析出，传统的生产物流方式中有这样几个弊端：成品整批消毒完毕后，需要人工卸盘装车，送到库房又需要人工卸车，而销售时又需要再次人工装车，造成反复装卸浪费资源和时间；成品消毒时所需要的托盘，在消毒车间需要很多的存储空间，同时也需要人工整理维护，同样是对资源和时间的浪费。

医药制品自动化仓储物流系统可以有效解决以上问题。第一，产品装盘消毒完后，不卸盘装车，直接将整盘送至仓库入库；第二，库内产品销售时，出库卸盘装车，空托盘直接回库内存放；第三，产品消毒需要空托盘，直接从库内发出，消毒车间不设存放大量托盘空间。

医药制品自动化仓储物流系统以立体仓库为核心，有 6 个巷道，一万个存储货位。设备有 6 台堆垛机、3 台穿梭车、1 台提升机、12 个站台、30 台输送机。由于每托盘带有十几至几十箱不等的产品，需要运行平稳又要达到效率要求，所以在运行方向均使用变频调速保证平稳，入库区、出库区和空托盘返回区分离，能够保证使用可靠、高效的要求。

堆垛机和穿梭车等移动设备集中于立库区域内，又都是高速移动设备，在货架顶端放置几台无线基站，其信号覆盖整个库区，能满足这些设备的通信要求，同时移动设备的无线通信方式也节省了大量的布线成本，降低了布线难度。对于空间跨度较大的输送系统，采用西门子的 Profinet（工业以太网）分布式网络，在设备相对集中的区域设置分站，通过分站内的 PLC（可编程逻辑控制器）网关，使用工业以太网将分站信息采集到主站，并且由主站中的 CPU（中央处理器）进行控制。这种方式节省了大量的布线工作，也让今后的设备维护工作变得简单快捷，有效地降低了建设成本和维护成本。堆垛机和穿梭车自身都具有一套独立的控制系统（SIEMENSPLC）、操作平台（各种动作开关按钮、指示灯、触摸屏）、通信系统（SIEMENSCP 通信模块及无线网桥）。其运行控制依靠自身设定好的程序，不依赖于外界。上层管理计算机只需要告诉堆垛机作业的源地址和目的地址，堆垛机就可以自动执行作业，并且将实时运行信息上传给监控系统。医用制品自动化仓储物流系统的亮点如图 5－7 所示。

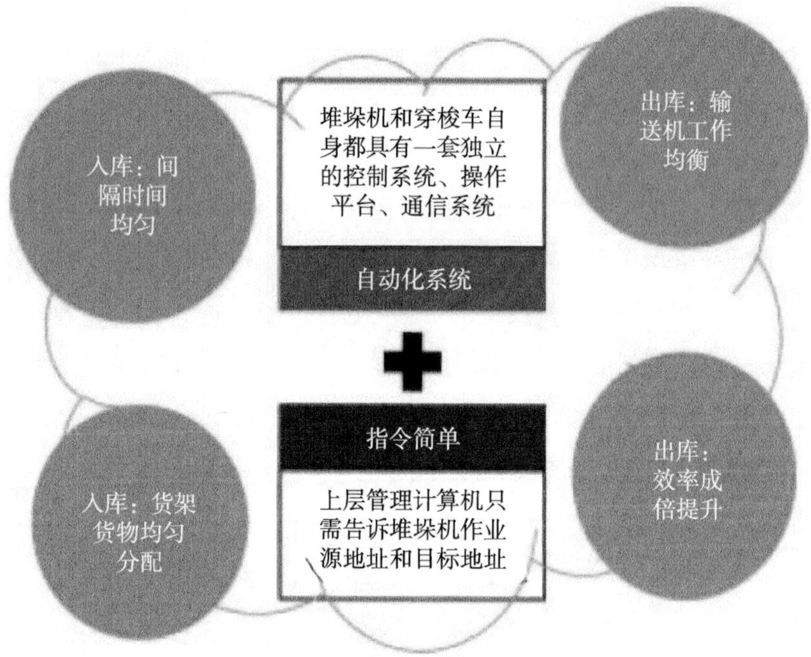

图 5－7　医用制品自动化仓储物流系统的亮点

资料来源：中投顾问产业研究中心。

（2）民营医药物流企业看点。

药品是一种特殊商品，关乎人民生命健康，国家有严格的药品 GSP（药品经营质量管理规范）认证要求。九州通医药集团从药品的采购、存储、配送、售后服务等方面都有非常严格的要求，为了保证药品拣选的高效和准确，设计了一套高标准的系统。

很难想象这是一个物流仓库：3 层楼高的立体仓库里，没有一名工作人员，这里存放着上万个药品品种；机械手迅速分拣、出入库，数十台穿梭机往来不休。这里，便是九州通武汉东西湖物流基地的一角。作为全国大型民营医药流通企业，九州通已经把物流和营销的触角伸向全国各地，在各中心城市兴建了 31 家省级子公司、81 家地市级分子公司，建立了覆盖全国 95%以上行政区域的营销网络，是国内同行企业中销售网络覆盖面最广的企业之一。

2010 年上市以来，不到 8 年的时间里，九州通的资产规模增长近 5 倍、营收规模增长约 2.5 倍。2017 年，公司营业收入 739.43 亿元，同比增长 20.12%；净利润 14.46 亿元，同比增长 64.87%。

九州通的主业是医药，但公司在物流中心建设方面也有自己的一整套技术和经验。除了必备的硬件采购之外，九州通物流中心的建设均由其自主设计。九州通计划在下一代物流中心大面积使用机器人，实现更加高效、智能地运作。

现在九州通所有药店客户的订单直接在手机上就可以完成，供货方的平台也与公司 ERP（企业资源计划）打通，供货方可以通过手机随时查看其商品在九州通仓库里的库存，以及具体的销售去向和销售额。也就是说，未来九州通将通过 IT 平台的建设，完整打通上下游的交易环节，同时在线下承载中间物流环节。

九州通未来物流中心的建设会往更加智慧化、机械化操作方向发展，逐步缩减拆零、打包、复核等环节的人工。提升其效率和准确性，提升客户体验。

5.2.3 汽车工厂

随着汽车产业的快速发展，汽车工厂自动化物流不断创新。汽车物流需求和供给稳步增长，物流成本作为“第三利润源泉”已成为汽车产业研究的重点。如何控制物流成本，也成为物流领域学者研究的重中之重。中国汽车生产企业物流成本占销售额的比例普遍在15%以上，然而欧美汽车制造企业在这一数字上的比例是8%左右，日本汽车厂商只有5%。汽车生产厂内物流作为汽车制造的关键环节也不可忽视。对于一个年产量为30万辆的整车制造工厂，其包括仓储、短驳、拣货、上线等操作在内的厂内物流年费用一般可达到2亿元以上。随着人力成本的增长，该数据将不断扩大，通过技术创新提高厂内物流效率及自动化的研究势在必行。

生产自动化需求的提升，物流技术逐步成为厂内物流的核心竞争力，整车制造厂一般将其分为输送上线技术、仓储技术、装卸技术以及辅助操作技术4大模块。

（1）输送上线技术。

零部件输送上线技术，其操作模式已从起初的铲车铲运发展到多品种物料牵引车上线，并在近年来的AGV、机运链等自动化输送设备的应用中得到进一步提升。AGV技术从20世纪70年代开始在欧洲制造业应用，从最早简单的自动搬运小车发展到智能化的AGV系统，发展深度和广度日益提升，并在汽车生产厂内物流甚至在流水线的延伸都得到了广泛的应用。国内最早使用的有东风日产等日系整车制造商，2011年前后上海大众、上海通用、一汽大众、长城汽车、长安福特、长安汽车等厂家均逐步推广应用并形成一定的规模，其中上海通用上海工厂主要应用于门线及内饰线的SPS料车输送上线，并将于2014年在武汉新工厂使用近百台AGV，输送范围将涵盖较大部分的排序零件。

（2）仓储技术。

汽车生产物流仓储自动化的要求日趋紧迫。捷克斯柯达公司自2012年相继建造了大件半自动化、小件全自动化等多种形式的立体仓库，可快速高效完成零件输送及自动出入库操作。在国内，上海大众于 2012 年在仪征新工厂建设项目中投入了 KSK（客户定制线束）自动化立体仓库，2013 年，延锋彼欧也实现了保险杠零件的自动化仓储。现阶段，上海大众正在尝试大件自动仓储项目，该项目如成功实施，将会为包装规格不统一、流量大（单向流量超过 150 箱/h）等制约自动化仓储在汽车行业应用的技术难题提供参考解决方案。

（3）装卸技术。

装卸技术方面，传统方法大多使用铲车操作，而根据卡车停靠及车厢开门方向分为侧卸和后卸两种形式。近年来，随着自动化仓储技术的发展，装卸模式也逐步开始变化，并出现了不同形式的自动化装卸方法，但大多仅针对型号规格一致的器具形式，如以大众集团及零部件供应商延峰江森为代表的厂商针对轮胎、座椅等高消耗零件采取自动化装卸和机运链输送的解决方案。在汽车行业，由于零件包装形式的多样化，自动化装卸仍存在诸多技术难题。但这也不妨碍各大汽车制造商在这方面做成尝试和努力，例如北京现代、东风悦达起亚以及上海汽车均尝试了平台装卸模式，减少叉车对零部件包装的损坏，提高安全性能，并降低人力成本。

上海大众于 2012 年在安亭二厂投入使用平台装卸模式，其使用范围针对外部仓库排序零件，该技术的应用解决了平台卡车配合、卡车停靠等关键问题，为下一步的批量自动化技术开发奠定了技术基础。此外，上海大众还在尝试开发自动化堆垛、叉车式 AGV 及机运链组合的自动化装卸系统的可能性。对于传统的装卸方式，其技术仍需改进，如近期出现了一些快速高效充电技术，可降低电能消耗以提高能源利用率。

（4）辅助操作技术。

辅助操作技术的应用是推动物流自动化快速发展的主要因素之一。按灯拣货技术是目前汽车行业应用较为广泛的物流拣货技术，可大幅提升拣货效率，降低拣货出错率，保证物流操作高效高质完成。传统的 PTL（亮灯自动拣选系统）技术，工人拣货后手动将提示灯按钮拍下以表示该动作完成。目前，传统 PTL 技术已经在上海通用、一汽大众、上海大众等汽车企业成熟应用，其主要应用于门线 SPS（按每车装配辆份配送货物方式）、遮阳板/安全带物流篮等配料拣货环节。

随着光电技术的发展，PTL 技术也得到进一步的发展。捷克斯柯达公司以激光作为传感信号，利用激光对操作动作的识别，代替人工按灯动作，达到节省工时、减少人工出错的效果，该公司还于 2012 年投入使用一种顶部射灯的灯光指示拣货系统，指导工人操作拣货的同时还可将当前的拣货状态显示于大屏幕中，对拣货流程进行多方面监控。依据类似原理，德马泰克公司已研制出带有 RFID 信息的手环，工人戴着该手环进行拣货动作过程中设备读取到 RFID 信息，自动灭灯。

2014 年，上海大众南京工厂试点开发了蓄电池自动排序机器人，也将拣货操作推向自动化。此外，在电商、医药等行业已有广泛应用的声控拣货技术、无人拣货车等技术也将助推汽车生产厂内物流的发展。国外汽车行业如斯柯达公司科瓦斯尼工厂已于 2014 年 3 月开始使用声控拣货技术。

总结以上行业，智慧物流有以下基础。

第一，仓储机器人。智慧物流最重要的应用是无人化，最大的受益者便是机器人行业。近年来，电商和快递业的爆发式增长更是催生了物流机器人的蓬勃发展，以此为契机，中国的物流机器人格局也正在从传统的工业领域向商业服务领域拓展。随着市场对于物流自动化装备需求的不断增加，机器人在物流行业得到越来越广泛的应用，已经深入到仓储、配送各个环节，不仅提高了物流作业效率，减轻了工作人员的劳动强度，还有助于优化资源、降低成本，具有良好的经济效益和广阔的发展前景。数据显示，2017 年国内工业机器人累计生产超过 13 万套，规模约占全球产量的 1/3。如今国产工业机器人已服务于国民经济 37 个行业大类，102 个行业中类，同比拓展了 3 个行业大类，11 个行业中类。

昆船智能 AGV 如图 5－8 所示，库卡拆码垛机器人如图 5－9 所示。

第二，自动驾驶汽车。智慧物流的运输和配送环节，将会大量应用自动驾驶汽车，以省掉大量司机的人力成本。谈到自动驾驶汽车的发展，我们可能会首先想到货运和物流。每年，美国的卡车会负载近 7000 亿美元的货物，

图 5－8　昆船智能 AGV

资料来源：《物流技术与应用》2017 年第 9 期。

图 5－9　库卡拆码垛机器人

资料来源：《物流技术与应用》2017 年第 9 期。

这一数字还只是其货运重量的 70%。短期来看，这也是为什么无人驾驶技术对商业车来说，意义更为重大。

第三，无人机。目前，京东、顺丰等物流巨头都在加强对无人机送货的投入。顺丰采取“三段式空运网”布局，包含大型有人运输机、大型无人机与小型无人机形成不同层次的空中运力，仅仅是大型无人机项目总投资便高达7.4亿元。

第四，自动化物流设备。搬运系统将大量应用机器人，还有一些环节需要大型的自动化设备，比如输送环节，自动对数百万SKU的商品进行识别，再传送到不同的分拣或者打包工作区。近年来，自动化物流设备的技术发展呈现出智能化、网络化、柔性化、轻型化、节能化和绿色环保等趋势。在产品设计方面强调模块化、系列化和通用化，以提高产品质量、降低制造成本，缩短生产时间。目前，常用的几种技术设备如自动装卸系统、码垛机器人、穿梭车技术、智能拣选车、自动化包装线等。

智慧物流每一个环节，都会被无人化、智能化和自动化掀起变革，机器人、无人车、无人机等行业都将受益，每一个领域都有望诞生独角兽公司。

5.3 智慧物流产业特征及内涵

为促进物流行业的健康快速发展，近年来国家出台一系列政策推动智慧物流产业的发展。2014年10月国务院出台的《物流行业中长期发展规划(2014—2020年)》明确提出到2020年建成现代物流服务体系的发展目标。2015年8月发改委再次发布消息，出台《多措并举推动现代物流加快发展》和《关于加快实施现代物流重大工程的通知》等配套政策，要求多措并举推动现代物流发展，到2020年基本建立布局合理、技术先进、便捷高效、绿色环保、安全有序的现代物流服务。“十三五”将是物流行业转型升级，实现从传统物流向现代物流发展的关键时期。

受市场驱动和产业政策的鼓励，近年来以各大电商为代表的物流企业积极布局智慧物流市场。并且随着电商巨头的入局对各自的物流平台进行整合，未来还会有更多的资本介入，整个行业会迎来一个战略发展机遇期，有望保持高度增长。并且，降低物流成本既是一场攻坚战，也是一场持久战，必须把治标和治本统筹起来。

智慧物流与传统物流具有不同的产业特点，如图 5－10 所示。

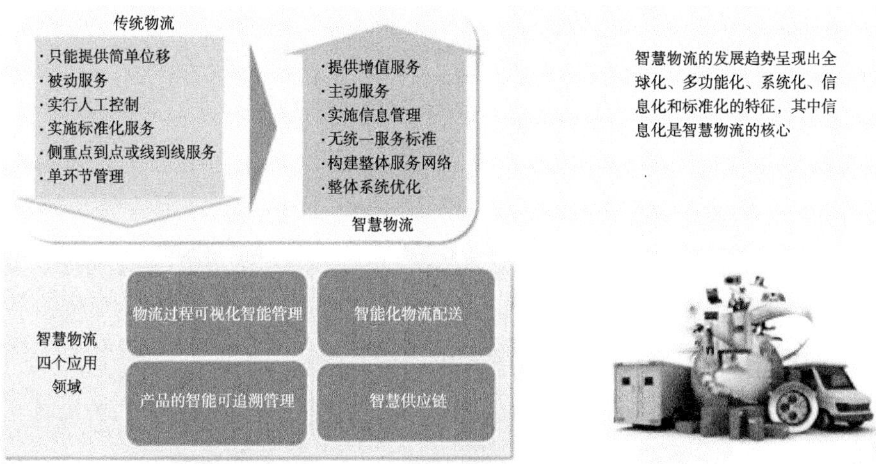

图 5－10　智慧物流与传统物流具有不同的产业特点

随着电商巨头的入局对各自的物流平台进行整合，未来还会有更多的资本介入，整个行业会迎来战略发展机遇期。根据中国物流与采购联合会数据，当前物流企业对智慧物流的需求主要包括物流数据、物流云、物流设备三大领域。华经市场研究中心预测，2017 年智慧物流市场规模超过 2000 亿元，预计到 2025 年，智慧物流市场规模将超过万亿，如图 5－11 所示。

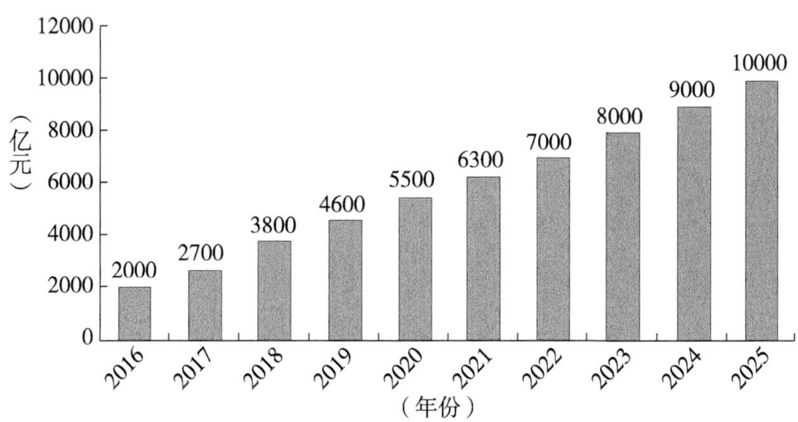

图 5－11　2016—2025 年中国智慧物流市场规模统计及预测

资料来源：华经市场研究中心。

迅猛增长的智慧物流市场，不只是物流公司的红利，诸多行业都会受益于此。

当前，智慧物流产业发展的主要途径有以下几种。

（1）以现代信息技术广泛深度应用为核心的物流技术创新，为智慧物流产业实现全方位、深层次、大范围创新发展提供了新的途径和新的动力。从物流作业到物流管理手段再到商业模式，供应链整合都在进行着深刻的变革。

（2）以现代物流企业为龙头的物流组织创新不断加快，智慧物流产业组织大型化、集群化和平台化趋势日益显著。如全球物流巨头加速涌现，中小型物流企业日益专业化，大型物流集群快速发展等。

（3）以物流资源整合和优化配置为核心的物流方式创新正在有效推动智慧物流产业发展方式的转变和全球物流体系调整升级。如以多式联运为代表的新型物流运营方式，以第三方物流为代表的新型物流服务方式，以供应链整合为核心的物流组织方式，等等。

（4）以促进竞争、提升效率与创新能力为核心的物流体制机制创新，成为智慧物流产业实现创新发展的必要基础。如创新机制、完善鼓励性政策、放松管制等，为智慧物流产业发展提供更为完善的制度保障。

随着国务院及国家有关部委为推动物流业降本增效及“互联网＋高效物流”的落地出台了许多政策，特别是“无车承运人”新政的推出，如果实施得当，将极大地促进物流企业转型升级。大数据、云计算、物联网以及区块链等新兴智慧技术在物流行业的应用极大地推动物流企业信息化的快速发展。智慧物流成为物流产业高质量发展的重头戏，逐渐成为产业体系完整、生产组织方式网络化智能化、产品和服务质量高等特点，成为物流业供给侧改革的必然之路。目前行业发展热点主要有以下几种。

（1）“互联网＋物流”已经上升到国家决策层面。

在 2016 年 7 月 20 日的国务院常务会议上，李克强总理说：“要推动互联网、大数据、云计算等信息技术与物流深度融合，推动物流业乃至中国经济的转型升级。这是物流业的‘供给侧改革’。”这已经把“互联网＋物流”上升到国家决策层面，不仅推动物流业的转型升级，还推动整个中国经济的转型升级。2016 年是国务院及国家有关部委针对物流行业发布利好政策最多的一年，据不完全统计，国务院及国家发改委、交通运输部、商务部、工信部、财政部、国家税务总局等发布的政策文件 50 多个，地方支持物流业发展的政策文件就更多了。政策红利将给物流业带来新的发展机遇。

（2）物流企业互联网化助力物流企业转型升级。

“互联网 +”高效物流重点行动计划的提出，极大地推动了物流业与互联网融合发展。互联网正在从技术、模式、空间等诸多方面改变传统物流业的运作方式和效率水平，让中国物流变得更加智能、高效、便捷，转型升级空间巨大。资源平台化、运力社会化是物流企业自建平台的发展方向。资源平台化依托于物流企业内联网和供应链内联网；运力社会化，借助社会物流平台走向互联网大分工、大协作。自建平台与各式物流公共平台聚合形成大数据新生产力要素，走向产业平台化，重构物流生态是发展方向。

（3）物流平台继续成为资本密切关注的领域。

物流平台本身的商业模式也在悄悄地发生变化，由纯线上模式转变为线上线下相结合的 O2O 模式，许多物流平台都在各地设立经营网点，与传统物流企业进行合作，有的还建立了自己的物流园区。所有这些都说明，回归物流的本来面目是物流平台得以生存的保证。

（4）物流平台与物流企业的互联互通是大势所趋。

俗话说“分久必合，合久必分”，从滴滴打车收购优步这一事件可以看出平台经济已经进入到了共享时代。“互联网 + 物流”也进入强强联合的时代，壹米嘀嗒就是物流企业之间的联合，云鸟科技与运满满就是平台之间的联合。物流平台之间、物流企业之间、物流平台与物流企业之间必须走互联互通的道路。中物联建立的联物流平台正是此时因势而生，目前联合了全国 60 家优质运力平台，链接了 300 多家 A 级物流企业，打造了覆盖全国、跨行业，贯穿整个物流产业链的物流平台，为全国物流平台的互联互通奠定了良好的基础。

（5）无车承运人成为热门话题。

虽然无车承运人早就存在，但自从交通运输部发布无车承运人试点文件以来，大家都有点兴奋过头。冷静下来，必须指出的是本次试点主要针对的是平台，主要是解决物流平台开票的合法性问题，无车承运人亟须解决的增值税进项抵扣问题并没有实际进展。从目前各地交通运管部门公布的试点企业名单来看，成为试点的企业类型繁多，数量也不少，与交通运输部的试点目标有所偏离。为什么企业都想成为无车承运人试点单位呢？无非是想获得扶持政策或税收优惠，目前看来这两个梦想短期内可能难于实现。但无车承运人成为平台企业和部分有条件的物流企业转型的趋势已经成为必然。

（6）物流诚信平台为失信联合惩戒搭建了平台。

从国家领导人、国家相关部委到行业协会、物流平台、物流企业都认识到物流诚信问题已经成了制约我国物流行业发展的“老大难”问题，解决这一问题的根本出路在于大家共同努力，群策群力，信息共享，联合惩戒。国家发改委牵头建立了信用中国网站，意图连接中央各部门及地方的诚信信息。中国物流与采购联合会也制定了第一个团体标准《物流诚信共享信息构成要素及交换要求》，并与国家交通平台合作推出了物流诚信平台，这对于解决物流诚信问题迈出了可喜的一步，为物流参与者失信联合惩戒创造了环境和氛围。

（7）大数据是政府监管方式转变的方向。

2016 年 9 月国务院印发《关于加快推进“互联网 + 政务服务”工作的指导意见》，是把简政放权、放管结合、优化服务改革推向纵深的政策保证，对加快转变政府职能，提高政府服务效率和透明度，便利群众办事创业，进一步激发市场活力和社会创造力具有重要意义。政府监管转型的方向就是从以统计报表为主的静态监管升级为以运营数据为主的动态监管，确保政府决策的透明及公正性。各方信息显示，无车承运人的税收监管发展方向也将朝着从以票控税、以车控票的方式转变为以数据控税的方式发展。

（8）车联网技术成为商用车具有竞争优势的卖点。

无论是互联网造车还是传统车企搭载互联网，都在表明自动驾驶、车联网等已成为当下汽车行业追捧的热潮，而商用车对车联网的依赖远远超过乘用车。与乘用车相比，商用车在技术上更能反映汽车数字化的趋势，其对车联网、辅助驾驶、自动驾驶等技术带来的运输效益提升更敏感。运输成本和运营效率直接关系到商用车用户的切身利益，提高运输效率、降低成本和排放需要商用车和互联网的结合。2016 年，各大商用车企业都在极力宣传自己利用车联网技术在安全驾驶、提升效率，降低成本和绿色排放方面的优势，车联网技术已经成为商用车具有竞争优势的卖点。

（9）智能物流装备在物流行业的应用越来越广泛。

近年来，“工业 4.0”“智能制造”、《中国制造 2025》理念的传播以及电子商务的异军突起，极大地推动了智能物流的发展和应用，中国物流装备市场对于智能化、自动化物流设备的需求日益增大，智能物流成为市场热点并逐渐演化为企业的核心竞争力。

电子商务的快速发展，深刻改变着消费者的购物习惯和企业的运营模式，企业迫切需要加快订单处理速度来应对多品种、小批量、多批次的碎片化订单以及劳动力成本上升带来的巨大压力，“货到人”系统以其突出的存储密度高、拣选效率高、降低劳动强度、节省用工数量等优势成为企业发展的重点方向。AGV、仓储机器人在仓储自动化应用中开始崭露头脚。亚马逊和京东在利用无人机运送快件方面都有许多成功的应用。

（10）区块链技术在物流行业的应用刚刚兴起。

2016 年 12 月，中国物流与采购联合会成立了区块链技术应用分会，目的在于促进区块链技术在中国物流与供应链行业的推广应用，推动行业标准的尽快形成，规范区块链技术在物流与供应链领域的产业化发展，加快在行业急需的溯源防伪、中小微物流企业信用建立、增加交易和物流供应链透明度等基础性场景方面的应用。这对进一步发挥创新科技在物流与供应链企业转型升级中的作用具有十分重要的意义。

近年来，智慧物流成为物流行业快速发展的主要助力。智慧物流大大降低了制造业、物流业等各行业的成本，实打实地提高企业的利润，生产商、批发商、零售商三方通过智慧物流相互协作、信息共享，物流企业便能更节省成本。

智慧物流集多种服务功能于一体，体现了现代经济运作特点的需求，即强调信息流与物质流快速、高效、通畅地运转，从而降低社会成本，提高生产效率，整合社会资源。

从政策面来看，《中国制造 2025》及“互联网 +”风口下，智慧物流迎来爆发机遇。随着“互联网 +”上升为国家战略，越来越多的行业都开始转型升级，中国的物流行业也正在面临和经历着由此带来的变化。

5.4 智慧物流产业典型案例

智慧物流产业主要有四大特征：协同共享赋能、大数据驱动、供应链整合、自动化。智慧物流发展路径有两个：一是平台，二是跨界。也就是要用平台的思维对所有的资源进行跨界整合，同时利用新的技术实现商业模式的创新。这就要求物流行业需要从过去的向设备、向人工要红利，升级为向智能技术、向开放协同要红利，这要求物流公司升级为技术公司、数据公司。

这也就决定了，想要实现智慧物流并不是一件一蹴而就的事，需要各行业企业的协同作战。目前来说，智慧物流战场上不仅有以顺丰、三通一达、EMS 等大家耳熟能详且最为常见的企业为代表的快递企业，也有以京东、苏宁易购、唯品会、亚马逊等为代表的电商企业，还有以普洛斯、易商、菜鸟仓储等为代表的智慧仓储企业。当然，也有以海康威视、大华股份等为代表的安防企业的身影，而且安防企业已经成为智慧物流行业的中坚力量。

智慧物流每一个环节，都会被无人化、智能化和自动化掀起变革，机器人、无人车、无人机等行业都将受益，每一个领域都有望诞生独角兽公司。

(1) 智能分拣。

海康威视智能分拣机器人主要针对 5kg 以下的小件包裹，快速实现快递面单的信息读取、投递位置译码、快递包裹投递、快递包裹路径信息的记录和跟踪等。一旦开启工作模式，分拣机器人的运行速度可达3m/s。配合海康威视读码系统，根据读取到的包裹信息进行目的地分拣工作。

（2）智能仓储。

仓储是物流行业中非常重要的环节。传统仓库中，工作人员60%以上的时间花费在取货上。海康威视智能机器人仓储物流解决方案，由智能仓储机器人、机器人调度系统（RCS）、智能仓储管理系统（iWMS）三大核心模块组成，实现了物流的指挥调度、跟踪监控、协同作业。

海康威视智能仓储机器人采用“视觉导航+惯性导航”技术，定位精度达到毫米级，运行速度达到1.5m/s，极限负重达到1000kg；另外，激光、红外、超声、碰撞条多项技术的采用使得机器人具有自主避让功能。机器人调度系统（RCS）控制全部机器人的任务分配、调度及运维；智能仓储管理系统（iWMS）则支持仓储业务管理需求，有效提升仓储空间利用率。

（3）配送。

其实很早之前就有企业在思考是否能优化快递配送环节了。在配送这一领域海康威视似乎暂未有大的布局，但是京东却早有布局。

随着城市网购市场日趋成熟，巨头们将其目标瞄向农村，试图挖掘新增长点，但是过去农村用户在网上订购商品，往往是配送至乡镇，用户需承担往返超3~5km的交通成本，导致成本高昂。于是无人机就扛起了缓解“乡村配送难”大旗的任务。京东于2015年年底宣布涉足无人机行业，现已在宿迁、西安等地实现常态化运营，已成功飞行并运营了上万个架次。

（4）慧聪安防网。

慧聪安防网由信息服务、交易服务及数据服务三大业务板块构成，是综合产业互联网服务提供商。未来电子商务和快递业必然还将保持持续的高速增长，智慧物流未来的发展潜力不容小觑。但是智慧物流的发展不是一件一蹴而就的事，其中需要众多行业的企业跨界而来，通力合作。而作为近亲行业，安防企业必将成为智慧物流的中坚力量，同样地安防企业也必将从智慧物流中获得巨大的市场。

5.4.1 物联网

1. 全球市场规模

从2009年美国、欧盟、中国等纷纷提出物联网发展政策到如今，物联网经历了高速发展的阶段。传统企业和IT巨头纷纷布局物联网，物联网在制造业、零售业、服务业、公共事业等多个领域加速渗透，物联网正处于大规模爆发式增长的前夜。2017年全球物联网市场规模达到798亿美元，增速为14%，预计2018年全球市场增速将达30%，规模有望超千亿美元。2013年至2018年复合成长率将达21%，2019年新增的物联网设备接入量将从2015年的16.91亿台增长到30.54亿台。同时，越来越多的物品和设备正在接入物联网。到了2020年，全球所使用的物联网设备数量将成长至208亿个。预计到2018年物联网设备数量将超过PC（个人计算机）、平板电脑与智能手机存量的总和。其中，消费型可穿戴设备仍将独领风骚，用于运动健身、休闲娱乐、智能开关、医疗健康、远程控制、身份认证，眼镜、跑鞋、手表、手环、戒指等不同形态的可穿戴设备渗透人们生活，带来更多的便利。

2. 国内市场规模

经过业界的共同努力，国内物联网产业链和产业体系初步形成，产业规模快速增长。目前，中国发展物联网所需的自动控制、信息传感、射频识别等技术和产业都已成熟或基本成熟，通信运营商和系统设备提供商达到世界级水平，下游应用不断拓展。目前，物联网已较为成熟地运用于安防监控、智能交通、智能电网、智能物流等领域。目前，中国物联网市场规模超9000亿元，同比增速连续多年超过20%，预计到2020年，中国物联网产业规模将超1.5万亿元。

3. 市场需求分析

当前，新一代信息通信技术正在全球范围内引发新一轮的产业变革，成为推动经济社会发展的重要力量。物联网作为中国战略性新兴产业的重要组成部分，正在进入深化应用的新阶段。物联网与传统产业、其他信息技术不断融合渗透，催生出新兴业态和新的应用，在加快经济发展方式转变、促进传统产业转型升级、服务社会民生方面正发挥越来越重要的作用。

随着互联网、云计算、大数据的发展，物联网越来越受到更多行业的关注。在物联网技术中，由于无线通信在物联网体系部署时具有组网便捷、成本较低的优势，因此具备一定的竞争优势。在车联网、智能家居、工业自动化等物联网细分领域蓬勃发展的大趋势下，依托应用无线数据采集传输方式进行信息化的细分行业也将更加丰富，为物联网通信企业带来新的业务机会。

（1）物联网对经济社会发展的支撑作用更加凸显。

物联网推动经济结构调整和发展方式转变。物联网和“互联网+”联合，将在促进中国产业之间相互渗透、交叉和重组，激发产业链、价值链的分解、重构和功能升级，引发产业功能、形态、组织方式和商业模式的重大变化，推动经济结构调整和发展方式转变方面发挥重要作用。一方面，物联网与消费品行业、现代服务业跨界融合，将有效刺激信息消费，带动社会消费快速增长；另一方面，物联网技术与理念重构传统行业的运营范式，将大幅拓展行业价值空间。在工业领域，生产线可以通过物联网技术动态地根据多样化的订单去供料、加工以满足大规模个性化的制造需求，并将倒逼技术研发、企业管理、市场营销等各个环节，带来整个工业生产方式的深刻变革；在农业领域，物联网将带动资源、要素、技术、市场需求在农村的整合集成和优化重组，加快农业生产的智能化和现代化，并大幅提升农业相关的生态休闲、旅游观光等服务能力，从而实现农业增质增效和农民增收。物联网驱动工业文明和生态文明融合发展，破解资源环境约束。

物联网在污染源监测、危化品定位、产品追溯、节能减排等方面的优势和作用将得到充分发挥。如在工业领域，随着高能耗、高污染行业逐步推广基于工业物联网技术的智能工厂应用，产品全生命周期内的能效利用将得以优化。根据中国工程院测算，在有效推广应用以物联网为核心的制造系统后，到2020年钢铁与石化、水泥、造纸行业的能源消费强度下降比例分别可达到

5% ~7%、15%、29%，主要污染物排放强度下降空间在10% ~30%。又如在交通领域，利用物联网技术将大幅优化交通线路，提高道路网的通行能力、设施效率，从而降低能源消耗和汽车排放。美国洛杉矶研究所研究表明，通过物联网技术优化公交车辆和线路组织，减少46%的车辆运输就可以提供相同或更好的运输服务。

物联网发展阶段如图5-12所示。

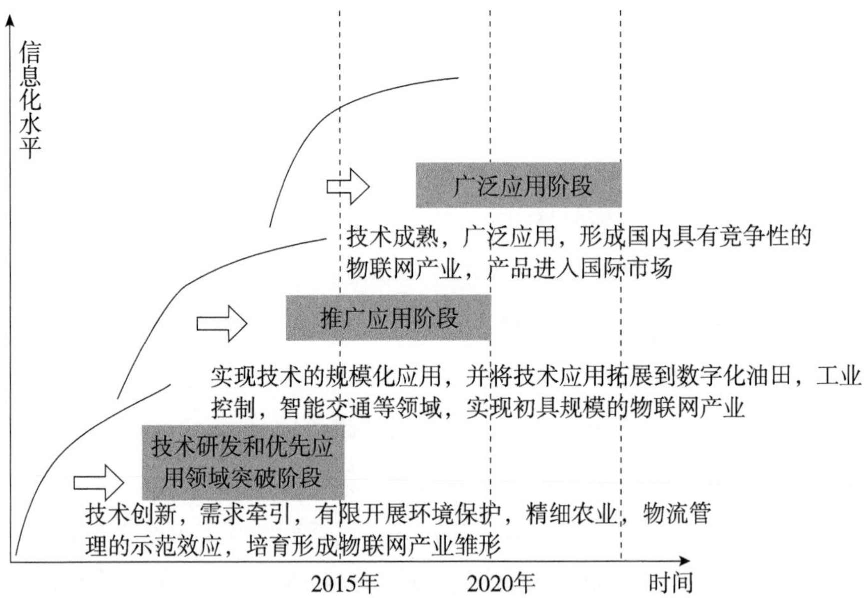

图5-12　物联网发展阶段

资料来源：中投顾问产业研究中心。

（2）从移动互联到万物互联，开辟物联网新时代。

从移动互联到万物互联的演进正加速推进，相比PC、平板和智能手机等传统智能终端出货量下滑或增速持续下跌。BIIntelligence预计到2018年物联网设备数量将超过PC、平板电脑与智能手机存量的总和，而根据国际电信联盟（ITU）、思科、Intel等多个机构的预测，到2020年全球联网设备可达200亿~500亿。其中，消费型可穿戴设备仍将独领风骚，用于运动健身、休闲娱乐、智能开关、医疗健康、远程控制、身份认证，眼镜、跑鞋、手表、手环、戒指、纽扣等不同形态的可穿戴设备渗透人们生活，带来更多的便利。同时，万物互联将实现物理世界和网络空间的全面融合，连接数量的剧增将使网络价值呈现指数级爆炸式增长，人、物、数据在网络环境下进行流程再造，将重构整个社会的生产工具、生产方式和生活场景。移动互联向万物互联的扩展浪潮，与大众创新、万众创业相结合，将使我国创造出相比于移动互联网更大的市场空间和产业机遇，而开源软件和开源硬件构成的开放生态环境，仍是成功发展的关键要素。

（3）物联网应用潜力将在智慧城市进一步释放。

中国中型及以上城市有 500 多个，新型城镇化和智慧城市建设正在深层次推进，虽然物联网在支撑智慧城市建设与管理方面已经发挥了重要作用，但目前无论从应用层次还是应用范围都还处于初级阶段。针对中国城市管理和公共服务普遍存在的能力不足、手段落后等问题，通过物联网自动感知、快速反应、科学决策，从而提升城市管理精细化、智能化水平，这也将给物联网技术应用带来巨大的市场空间，物联网在相当长时期内仍是智慧城市的首要支撑技术。为进一步推进发展，应建立物联网设备和应用系统在智慧城市的统一建设与管理机制，面向城市管理、公共服务、产业升级迫切需求，大力推广物联网在基础设施管理、公共事业管理、能源管理、环境保护、交通管理、公共安全等领域的应用，推动中国智慧城市建设和发展进入纵深阶段。

5.4.2 云计算

1. 行业推动因素

（1）政策利好助推市场规模持续扩大。

2015 年中国云计算市场快速增长，国内 IT 企业纷纷向云计算转型，云计算不再是新颖的概念，再加上移动互联网对传统行业的颠覆性影响，中国用户“云化”需求快速提升。在《国务院关于促进云计算创新发展培育信息产业新业态的意见》《关于积极推进“互联网”行动的指导意见》《云计算综合标准化体系建设指南》等相关利好政策的推动下，中国云计算市场的创新活力得到充分释放，市场规模进一步扩大。数据显示，2017 年全球公有云市场规模预计为 2602 亿美元，较 2016 年增长 18.5%，预计到 2020 年全球公有云市场规模将达到 4114 亿美元，2018—2020 年年复合增速将达到 16.5%。随着 AI（人工智能）的采用和物联网在企业及初创企业的应用，据预测 IaaS（Infrastructure as a Service，基础设施即服务）的增长空间较高，主要受到基础设施迁移到云端的额外需求及计算密集型工作的需求增加所带动。2016 年企业服务 17% 的总市场营收转移到了云服务，到 2021 年将增长到 28%。

国家“十二五”“十三五”规划都明确提出将云计算作为未来科技发展的重要领域，近几年支持云计算发展的相关政策密集出台。2017 年 4 月，工信部发布《云计算发展三年行动计划（2017—2019）》，提出到 2019 年中国云计算产业规模达到 4300 亿元，云计算服务能力达到国际新进水平，云计算在制造、政务等领域的应用水平显著提高，涌现 2～3 个在全球云计算市场中具有加大份额的领军企业。2015 年年末中国云计算产业规模约 1500 亿元，意味着 2016—2019 年年复合成长 30%。此外，各级部门明确提出政府部门、银行等金融机构业务逐步迁移至云端，意味着将为私有云厂商带来大量订单，近两年阿里云、腾讯云、运营商纷纷“0 元”中标地方政务云，希望借此获得项目的运营权，从日后的数据经营中长期获利。

目前中国云计算市场规模只占全球市场总规模的 5%，这与中国人口规模、商业规模、GDP 占全球份额极不匹配。与美国比，在公有云市场上，中国与美国有至少五年的差距，美国云市场已经进入成熟期，中国则仍处于初始扩张阶段，其中 IaaS、SaaS 是增长驱动力。

（2）移动化趋势激活企业级移动云服务需求。

云计算领域的服务模式中，SaaS（软件即服务）模式作为企业级服务最主要的形态，受到全球 IT 巨头的关注，Oracle、IBM、微软、SAP 等大厂商纷纷通过收购开展全产品布局战略，以确保其在企业级服务市场的话语权。随着移动互联网浪潮、“互联网 +”时代的到来，移动智能终端全面普及，使得企业移动办公、降低管理成本的需求开始释放，企业级移动 SaaS 服务受到越来越多企业的认可。由云计算催生的 SaaS 模式，有效激活了企业级移动应用需求，中国软件服务商也开始开展企业移动云服务的布局。2015 年，企业级移动 SaaS 服务成为云计算领域的创新亮点，SaaS 服务商纷纷在移动化产品研发和推广方面加大投入，移动 SaaS 服务逐步向各个行业、领域渗透，基于云端的移动医疗、交通、教育不断落地、成熟。

IaaS 服务得到国内企业用户的充分认可。2015 年国内 IaaS 市场成为游戏、视频、移动互联网等领域中小企业 IT 资源建设的首选，市场规模达到 42 亿元，与 2014 年相比增长 60.3%。从应用形式来看，云主机、云存储用户采用率高，使用比例 70% 以上，同时也有 70% 以上的企业表示未来将会采用云主机或云存储服务，并且云存储的比例将进一步提升。

（3）开源和容器技术催生云计算市场新热点。

随着云计算市场的持续火热，技术研发投入不断扩大，以 OpenStack① 为代表的开源云、以 Docker② 为代表的容器技术等技术热点涌现，对于云计算市场的竞争格局及竞争点产生了巨大的影响。"开放式创新"是开源的精髓，越来越多地受到企业的重视，而开源技术与云计算的结合，为云计算产业注入了新鲜血液，逐步改变着云计算的市场格局。目前，阿里、腾讯、华为、华胜天成等越来越多的云服务企业开始使用开源云平台，深度参与了 OpenStack 等众多开源云计算项目，中国开源云市场迎来繁荣时机。2015 年以 Docker 为代表的容器技术受到业界的高度关注，微软、IBM 等 IT 巨头纷纷向其寻求战略合作，大多数的主流云厂商已经宣布提供对 Docker 及其生态系统的支持。容器技术具备融合 DevOps③ 的敏捷特性，给云计算市场特别是 PaaS（平台即服务）市场带来新的变革力量。

（4）创新创业应用成为云计算市场新增长点。

云计算能够让企业不必在信息技术设备和软件上大量投资，低成本按需使用强大的信息资源，为大众创业、万众创新提供了坚实的基础平台，能够

① OpenStack，一个云计算管理平台。

② Docker，一个开源的应用容器引擎。

③ DevOps，英文 Development 和 Operations 的组合，是一组过程、方法与系统的统称，用于促进开发、技术运营和质量保障部门之间的沟通、协作和整合。

有效降低创新创业门槛。中国公共云服务逐步从互联网向行业市场延伸，2015 年市场整体规模约 102.4 亿元，比 2014 年增长 45.8%，增速略有下滑。在公共云服务能力方面，阿里巴巴、百度、腾讯等互联网企业的云平台服务数百万中小企业和数亿用户。2015 年阿里云生态创造的就业机会约 120 万个，其中七成以上为创业型企业。云计算已经成为中国社会创新创业的重要基础平台，有效驱动了社会创新创业，而社会创新创业也为云计算应用市场孕育和催生了更多新机遇，应用市场需求旺盛。

2. 市场发展现状

目前中国云计算市场仍旧较小，随着中国信息化的普及、人口规模的快速增长，云计算市场将会呈现出巨大的发展潜力。随着云计算应用不断向深处拓展，整个产业市场规模将迅速增长，2017 年中国云计算市场份额接近 700 亿元。

云计算正释放巨大红利，其应用逐步从互联网行业向制造、金融、交通、医疗健康、广电等传统行业渗透和融合，促进了传统行业的转型升级。但目前中国在云计算的技术方面仍没有实现完全自主，操作系统和大型软件方面还没有太大的优势，技术的总体水平还不高，云计算的发展还有很多不确定性，安全性和知识产权保护等方面也没有很好的制度保障。但是，中国发展云计算的政策优势明显，给了行业很好的发展环境。

2015 年中国云计算企业纷纷拥抱开源软件。开源软件正在成为推动云计算技术发展的重要动力。2014 年，包括华为、华胜天成在内，越来越多的云服务企业和用户开始使用开源云平台，并且参与开源云平台的建设。华为已经成为 OpenStack 峰会的金牌会员，围绕 OpenStack 构建云计算解决方案的研发人员超过 500 人。目前进军云计算市场的国内企业有以下几种：移动、电信等运营商；现有的大型电子商务企业，如阿里巴巴等；互联网企业，如搜索引擎、门户网站；大型的主机租用服务商，如各地的数据、计算中心等；计算机硬件制造企业，如联想、曙光、浪潮等；中国云计算的市场发展空间巨大，同时也将对中国的互联网产业、软件和服务产业以及涉及信息技术行业的各行业的发展产生较大的影响。

3. 关键发展战略

“云”这个词第一次出现是在 1994 年，然后这个词几乎完全被遗忘，直到亚马逊在 2006 年开始销售其弹性计算云。经过快速发展，今天人人都在谈论云。对于普通用户来说，这是备选的存储解决方案。对于架构师、开发人员和管理员来说，这是所有笨重硬件设备逻辑上的替代者。对首席执行官来说，这是最节约成本的方法之一。不过，实现云所带来的好处还取决于其背后的策略。此外，尽管每个公司的云计算战略是不同的——没有一个尺寸适合所有的情形，在规划任何战略时仍然有几点重要的需要考虑的因素。

（1）API（应用程序接口）不断发展。

曾经，开源发展迅速。现在自由和开源软件（FOSS）仍在，而软件即服务模式越来越受欢迎，它使得许多软件功能直接可以作为服务和 API 的形式提供给客户。API 就像 Windows 应用，不论你的数据和服务公开到什么程度——公开的或者是私有化的——都需要在一定程度上的控制，这样人们可以围绕着你所能够提供的来构建应用程序和服务。API 管理软件可以满足这一要求。然而，云战略往往要求连接到第三方系统或服务的能力，这就是企业服务总线（Enterprise Service Bus，ESB）与连接器的用途。从本质上讲，连接器是一个构建模块，允许将 ESB 连接至公开可用的服务当中。即使不愿意公开自己的 API，也可能需要使用他人所提供的。

（2）云识别。

实际上，云识别包括了当今所有的在线识别模式。尤其在社交网络作为人们获得越来越多的社会身份识别的当代更是如此。事实上，Gartner① 曾经预测，到 2015 年，50% 的新零售客户身份将基于社交网络的身份识别。毫无疑问，我们已经习惯了看到几乎每一个应用程序使用社交软件登录信息。要么需要将社会身份识别包括在计划里，要么制定一项解决潜在客户流失的战

① Gartner，即 Gartner Group 公司，是一家信息技术咨询公司。

略。在为云实现评估身份识别管理解决方案的时候，需要联合身份验证功能，它可以定义多个身份提供者。能够定义多个身份验证器，让其用户可以通过他们进行公共身份验证，并且为这些用户创建内部身份定义配置规则。通过使用一个单一的身份管理解决方案，可以使用多个社会身份识别器，大大提高云实现和持续管理。

（3）快速研发。

快速开发是一种生存方式，尤其是在云环境中。应用程序正在越来越多地由 API 驱动，几乎所有的或由公共服务或由企业内部服务所提供的功能，消除了从头开始构建应用程序所需的时间。完全拥抱速度，从数据库模式到编程语言，开发人员需要了解的技术比以往任何时候都多。接受速度也需要应用程序环境，它可以产生向上或向下扩展的需求。这包括从硬件到灵活的应用程序。云基础设施造就了快速的发布周期，允许人们尽可能快地构建、部署和测试应用程序。

4. 未来发展趋势

（1）垂直领域融合加深将带动云计算市场迅猛发展。

在中国经济新常态的背景下，随着“互联网 +”战略及《中国制造2025》的不断推进，各行业转型升级的迫切性不断提升，未来云计算与各领域的融合将不断加深，通过构建超大体量的云生态系统，以满足不同传统企业的转型需求，助推行业转型发展。2015 年，中国 IT 巨头纷纷开展垂直行业的云应用布局，其中华为宣布将对外发布面向金融、媒资、城市及公共服务、园区、软件开发等多个垂直行业的企业云服务解决方案。由此可以看出，未来云计算服务商将不断加深与各垂直领域的融合，将开拓更大的云计算服务空间。另外，相较于美国等发达国家，中国云计算市场规模仍较小，云计算应用领域及渗透深度有很大的空间。

（2）智慧城市与工业将成为云计算落地的重要载体。

近几年，智慧城市领域的战略性部署陆续出台，中国各省市纷纷将智慧城市建设作为重要战略任务，大力发展政务云、城市云、教育云、医疗云等，而在未来较长时间内，发展智慧城市仍将作为中国的重要国家战略。智慧城市的兴起，不但为城市建设带来了革新，也为以云计算为代表的信息技术产业带来了机遇。作为云计算应用的一个重要领域，智慧城市将催化云计算应用的落地与推广，因此随着智慧城市建设的全面铺开，作为撬动智慧城市发展的支点，云计算将面临巨大的市场需求。随着工业 4.0、《中国制造 2025》、工业互联网等概念的兴起，面向工业领域的“工业云”也将迎来迅速发展阶段。《中国制造 2025》最终目标是实现云计算、大数据、互联网与传统制造业的深度融合，云计算作为中国信息化的重要形态，将有力推动传统工业的转型升级，而深度融合过程中，工业领域将也将为云计算市场带来创新活力，成为撬动云计算市场的重要助力。

（3）安全即服务或将开启云时代的安全攻坚战。

随着云计算和移动互联网的普及，越来越多的业务在云端开展，越来越多的数据在云端存储，用户数据泄露或丢失是云计算信息安全面临的巨大的安全风险。而基于漏洞、病毒、未知威胁的 APT（高级持续性威胁）攻击、0Day① 攻击会越来越频繁和智能化，安全防护工作难度系数增加。越来越多的企业已开始关注云领域的安全服务，云计算服务商也纷纷加大云安全产品的投入，提高产品的可用性、智能性、安全性。

（4）安全扩展兼顾将促使混合云成云计算市场主力。

混合云是把公有云和私有云的优点融于一体的更具功能性的解决方案，同时解决公有云的安全和可控制问题，以及私有云的成本高、弹性扩展不足问题，混合云技术的灵活性可以将工作负载极大提高。例如，在教育领域，混合云可以有效整合、协同校内和校外业务资源，灵活转化存储空间，提高灵活性，并可满足移动化需求。目前，越来越多的企业将云计算运用到公司经营管理中，基于控制、安全、扩展方面的考虑，很多大型企业希望私有云和公有云能够顺畅对接、自由切换，因此将对混合云架构产生巨大需求。混合云的优势将使其迅速普及，涉及的范围不断扩大，未来将覆盖政务、广电、

① 0Day，一种软件漏洞，指软件发行后 24 小时内出现破解版本。

医疗、安防、银行等行业领域，成为云计算市场的主力。

（5）超融合概念升温将使云计算市场孕育新爆发点。

2015 年“超融合架构”成为云计算最火的概念之一，超融合具有部署时间段、运维成本低、灵活性和可扩展性高的优势，市场潜力巨大。各大巨头嗅到机会后纷纷进入超融合领域，联想云推出 Think Cloud AIO 超融合云一体机，形成了超融合与云存储双线出击云计算领域的战略；甲骨文布局云计算，提出从底层到上层全堆栈的超融合战略。

5.4.3 地理信息产业

1. 产业发展价值

2016 年召开的全国地理信息与地图座谈会提出，要强化地理信息公共服务，推动地理信息资源向社会开放，推进自动驾驶地图保密处理技术与公开使用政策研究。同时，加快建设天地图战略性信息平台，扩大应用范围。高精度地图作为智能驾驶的核心组成部分，已成为百度、谷歌等无人驾驶汽车巨头的重点布局对象。此次国家对天地图应用范围的扩大，以及自动驾驶地图的公开使用研究，将为智能驾驶提供重要支撑。机构预计，随着基础地理数据的完善，以及智能驾驶等需求的推动，车载导航等地理信息产业将迎来千亿级市场。目前累计有 26 个省份正在开展天地图数据融合，其中，17 个省份已完成了全部或部分数据融合，打通了系统内部共建共享的通道，后续将顺应移动互联网、智能终端发展趋势，加快天地图移动端建设。另外，天地图继续扩大应用领域，要突出重点关键领域，以拓展和深化政府公益性应用为主攻方向，推动天地图在不动产登记、电子政务等领域的应用。地理信息作为基础数据和流量入口，在各种“互联网 +”领域发挥关键作用，受到政府重点扶持，并得到科技巨头们的争夺。此前国务院提出构建新型基础测绘体系，全面提升测绘地理信息服务能力。预计到 2020 年，将形成信息化测绘体系，全面建成数字地理空间框架；到 2030 年，基本形成新型基础测绘、地理国情监测和应急测绘为核心的完整测绘地理信息服务链条。

目前自动驾驶还处于验证阶段，传感器特别是相控雷达的成本非常高，而高精度地图可以辅助纠正车辆行驶位置信息和路况信息，减少传感器的安装数量，从而降低自动驾驶车辆的成本。在路况信息发生变化或者大雪等特殊气候条件下，高精度地图的作用将大大增强，率先布局的相关企业有望获得新市场机遇。

2. 市场发展规模

近年来，中国地理信息产业产值快速提升。按照和地理信息产业总产值的口径统计，2009 年中国地理信息产业产值达到 931. 9 亿元，之后每年保持将近 21% 以上增速，至 2015 年产值已经超过 3600 亿元。预计中国整个地理信息产业产值规模有望从 2016 年的 4500 亿元增长到 2020 年的超过 1 万亿元。而根据国家测绘地理信息局统计的结果，地理信息产业已连续多年保持了 20% 以上的增长速度。国家发改委、国家测绘局又发布了《国家地理信息产业发展规划（2014—2020 年）》，为产业发展制定了宏伟蓝图。到 2020 年，地理信息产业仍将保持年均 20% 以上的增长速度，2020 年总产值将超过 8000 亿元，成为国民经济发展新的增长点。

另外，测绘资质单位数量正在稳步增加，将政策红利逐步释放。截至 2017 年上半年，全国共有测绘资质单位 17908 家，较 2016 年增加了 616 家。从资质单位类型看，测绘资质单位包括 3994 家事业单位、2867 家国有企业和 11047 家民营企业，民营企业占比 61. 69%，较 2016 年 6 月 1 日民营企业占比增加 14. 98%，发展迅速。地理信息产业布局日益优化，空间集聚趋势更加显著，甲级测绘资质单位中，京津冀、江浙沪、广东、湖北 8 省市占据了全国总数的近 50%。测绘资质单位的增加将使得地理信息产业链从源头提供更多更广泛的资源，必然会促进中下游数据处理和应用市场更加繁荣。中国目前地理信息产业中，最大的采购商是政府。近年来越来越多采购针对各个行业的系统，如数字城市地理空间框架以及在此基础上开发的一些从属于数字城市的系统，随着政府信息化的要求，越来越多政府机关和下属机构开始普及地理信息应用。政府政策对于产业发展将起到巨大的推动作用。

3. 行业政策利好

2014年7月，《国家地理信息产业发展规划（2014—2020年）》正式印发，对于推进中国地理信息蓬勃发展具有重要指导意义。该规划强调到2020年，中国地理信息有关政策法规体系基本建立，结构优化、布局合理、特色鲜明、竞争有序的产业发展格局初步形成。科技创新能力显著增强，核心关键技术研发应用取得重大突破，形成一批具有较强国际竞争力的龙头企业和较好成长性的创新型中小企业，拥有一批具有国际影响力的自主知名品牌。产业保持年均20%以上的增长速度，2020年总产值超过8000亿元，成为国民经济发展新的增长点。同时，随着地理信息的不断发展，新应用、新服务不断产生，互联网搜索和电子商务提供商、通信服务提供商、汽车厂商等纷纷涉足地理信息应用领域，形成了遥感应用、导航定位和位置服务等产业增长点。参与主体的多样化结合商业模式的创新，地理信息产业正逐步走向应用多元化、深度化的时代，企业的核心竞争力不断提高。当前，许多传统测绘地理信息企业正在从测绘生产向服务转型。例如，中国四维正积极开展基于北斗导航的乘用车和商用车联网综合服务业务；北斗星通自主研发的北斗芯片实现了多个万量级应用；南方测绘正在从传统的测量领域向软硬件服务一体化方向发展。不少企业转型发展的成功案例，进一步推进了地理信息产业的深化应用。阿里巴巴、腾讯、百度等大型互联网企业积极进军地理信息产业，给传统的中小地理信息企业带来了不小的竞争压力，导致了企业竞争的加剧，但同时也为加快产业提质增效和地理信息企业转型升级提供了强大外力。今后，产业的发展应是“互联网+”驱动下的有质量、有效益的创新发展。

4. 市场发展前景

大数据时代对信息共享、整合、挖掘的强劲需求，以及地理分析、地理评估和地理设计价值的逐步彰显，既为事业加快发展带来了巨大机遇，同时也带来了严峻挑战。

（1）测绘地理信息发展呈现新趋势。

①地理信息服务的需求空前提升。无论是政府科学管理决策、解决资源环境人口灾害等方面的需求，企业促进产业优化升级、提升经济增长，提高工作效率的需求，还是社会公众享受便捷地理信息服务的需求，都呈现出爆发式的增长态势。

②科技进步催生全民测绘时代。各种简便化的测绘工具如智能手机，更易于获得的测绘基础数据如天地图、谷歌，以及自发性数据采集、众包、用户生产内容（UGC）等开放式地理信息数据采集方式的流行，改变了传统的制图方式。

③地理信息服务普适化。地图成为移动终端的标配，成为游戏、社交、电子商务等应用的入口，地理信息服务从以交通出行为主拓展到商业、旅游、房产、娱乐等领域，每一个人都在不自觉地享受着地理信息服务。

④地理信息服务跨界发展势头强劲。数据采集与运营服务分离，生产与服务提供者从专业走向大众，金融资本开始积极融入测绘地理信息服务。

（2）测绘地理信息发展面临巨大机遇。

①国务院印发《“宽带中国”战略实施方案》《促进信息消费扩大内需的意见》和《国家卫星导航产业发展规划》，提出加快推动北斗导航核心技术研发和产业化，大力发展地理信息产业，加快智慧城市建设等任务，这对于有效拉动需求、促进产业升级具有积极意义。

②随着科学发展观的深入贯彻落实，测绘地理信息与政府、企业、大众联系更加紧密，优政、兴业、惠民的新兴地理信息需求呈现出爆发式的增长。

③以智能、泛在、融合和普适为特征的信息产业变革，推动地理信息服务向个性化、智能化、知识化方向发展，激发了更加旺盛的需求。

④阿里巴巴、腾讯、中国移动、中国联通等主动涉入地理信息服务，各类产业联盟、园区蓬勃兴起，折射出产业发展的美好前景，为事业发展注入新的力量。

5.4.4 RFID

1. 市场规模现状

从行业数据来看，2010—2013年，全球RFID（Radio Frequency Identification，射频识别）市场增长速度较快，年平均增长率达到16.3%，主要原因是2010年以来，得益于物联网产业的兴起与新兴市场重大项目的拉动，全球RFID市场出现了较大幅度的增长，RFID的跨领域使用，特别是在身份识别、金融卡、通信卡领域运用的不断增加，促进了全球RFID市场的发展。从2014年开始RFID新兴市场逐渐饱和，RFID全球市场规模增速逐渐放缓。2017年RFID市场达到110亿，可以看出RFID全球市场规模平稳增长。从行业数据来看，2010—2014年，中国RFID市场增长速度迅猛，年平均增长率达到36.8，主要原因是2010年以来，得益于国内二代身份证的更替，金融卡、通信卡使用量的不断增加以及国际RFID市场的快速增长，国内外双重利好下，中国RFID市场出现了井喷式的增长，2015年，国内市场趋于饱和、国际RFID市场增速放缓，中国RFID市场规模的有所下降，由于中国物联网行业以及智能互联领域的发展壮大，RFID使用领域和市场规模有较大的发展空间。

目前，中国RFID产业链已经基本搭建起来，并呈现出以北京为代表的环渤海湾、以上海为代表的长三角和以广东/香港为代表的粤港地区遥相呼应且快速发展的态势。上海地区以前端（芯片）为龙头，深圳企业以中后端（绑定与封装）和应用为先导，而北京以系统集成为代表。从市场分布数据为例来看，华南、华北、华东是目前中国RFID市场相对成熟的区域。

2. 典型应用分析

（1）基于RFID技术的农产品冷链物流系统设计。

产品冷链物流系统的目标就是要保证农产品从生产、运输、仓储到配送及销售等环节始终处在规定的温度状态，才能保障它们的品质与质量，减少物流中的物品损耗，任何一个环节的温度出现问题，都可能会造成物品的变质、腐烂或受污染，从而影响产品质量。将 RFID 技术引入到农产品冷链物流体系中，可以形成一个低温条件下连续流通的体系。

（2）基于 RFID 技术的农产品冷链物流系统的特点。

①在生产环节的应用。

为了保障到达超市、餐馆以及家庭餐桌上食品的安全性，可以在农产品冷链生产环节使用 RFID 技术。在家畜的养殖环节，通过植入 RFID 耳标的方式记录在家禽养殖环节中的生长记录、用药记录、免疫记录等相关信息，实现养殖过程的实时监督管理，从而提高企业的现代化管理水平；当家畜被运送到屠宰企业时，企业通过 RFID 耳标核对是否符合规定的生长记录、用药记录、免疫记录等信息，当核对无误时再进行下一步加工。并将加工信息通过农产品公共信息平台进行信息共享。

②在运输环节的应用。

运输是用设备和工具将物品从一地点向另一地点运送的物流活动。其中包括集货、分配、搬运、中转、装入、卸下、分散等一系列操作，作为企业“第三利润源”的物流，完成其改变“物”的空间位置功能的主要手段是运输。综合的分析表明，运费占全部物流费用近 50% 的比例，可以说，在生产的社会化和专业化程度不断提高的今天，一切物质产品的生产和消费都离不开物流运输的合理化。中国农产品物流成本高、损耗大的主要原因之一就是运输环节中不能及时控制产品的温湿度。为了实现对温湿度的实时控制，通过采用 RFID 标签替代传统的条码技术。在打包好的商品包装外贴上 RFID 标签，标签中记录了该箱货物的基本信息，如肉类的产地、重量、效期，果蔬类产品的产地、目的地等信息，然后采用专业的冷藏车运往仓储配送中心，在运输的途中，电子标签内的温度传感器能够时时刻刻收集到温、湿度信息，这些信息不仅能够实时存储在 RFID 芯片里面，还能够通过标签内的天线再通过 GPS 系统实时传送到企业信息管理系统中，这样管理人员足不出户就能够在计算机前掌握车厢内实时的温湿度情况，一旦出现温湿度异常的情况，系统就会自动报警，管理人员可以通过管理信息平台第一时间通知运输人员采取相应的调节措施，从而避免了因人为疏忽而导致的农产品浪费。

③在储藏和配送环节的应用。

RFID 技术在农产品冷链物流中应用最广泛的就是在储藏和配送环节，它能够实现自动化的入库、出库、移库、盘点等库内作业。RFID 技术减轻了人力操作，实现商品的自动化登记，不需要人工的检查或扫描条码，更加快速准确，并且减少了农产品的损耗。

入库作业操作：当农产品通过第三方物流企业运输到配送中心时，由于商品的外包装上贴有 RFID 标签，标签中已经记录了箱内货物的各种信息，我们可以利用标签内的温度传感器在货物存储和最后的配送过程中实时提供温度信息，从而保证农产品食品的质量。首先，将运送来的货物码放到贴有 RFID 标签的托盘上，该托盘上的 RFID 标签中已经写入了与之对应的存放在托盘上商品的基本信息例如名称、编号、入库后放置的货架、货位等信息；其次，使用叉车将商品搬运入库，在搬运入库的过程中要完成商品的验货与入库两个工作，当叉车穿过库区大门时，安装在门上方的阅读器会自动读取托盘和商品上 RFID 标签发出的信息，并传送至仓储管理系统，工作人员从显示屏上就可以实现对货物的检验；最后，叉车司机将托盘运至已经安排分配好的存储货架货位，入库操作完成。

在库作业操作：在库作业分为两个部分即商品的储存保管和日常盘点作业。在农产品的储存保管过程中，为了保证食品的安全性必须监控储存环境的温湿度，以保证农产品的安全性。RFID 温、湿度标签可以实现实时监测农产品的温湿度，并将信息及时传送到管理人员处，这样仓库管理员不需要每天到仓库去检查仓库温湿度的变化。

出库作业操作：与入库操作相类似，应用 RFID 技术后，在得到下游零售商的订货信息后，首先核对农产品信息，再完成出库作业。在完成出库作业的同时，还可以实现与货件进出库时间相互比对等功能。

配送作业操作：在农产品的配送环节中，采用 RFID 技术可以提高拣选与配送过程的效率与准确率，加快配送的速度，减少人工、降低配送成本。由于在农产品和托盘上都贴有 RFID 标签，在农产品的配送过程中可以实现整进整出，当载有货物的托盘进出库房时，阅读器可以读取托盘上所有货物的RFID电子标签中的内容，不需要卸货逐一扫描，系统将这些信息与发货记录进行核对以检测出可能的错误，然后再进行配送作业。

④在销售环节的应用。

通过在超市农产品销售区域安装RFID阅读器，可以有效提高分拣效率。RFID阅读器的读取范围可以辐射到整个农产品区域，利用阅读器读取每件农产品包装上的RFID标签，获得该商品的信息，自动识别农产品的增加与减少，当商品被销售出去时，自动地向超市的补货系统发出信息以便补货，RFID标签还可以实时读取冷冻区域的温度信息，将这些信息反馈给超市管理部门，保证冷冻区域的温度在一定的控制范围内，从而保证生鲜食品的新鲜度；当消费者购物完毕后，将购物车推过装有RFID阅读器的门时，阅读器可以一次性辨认出购物车中的农产品种类、数量、金额等信息，计算机显示屏会显示该顾客消费总金额，然后顾客付款离开，而不用一件一件商品扫描，当顾客消费完毕离开，超市的销售系统立即自动更新，将所销售的农产品信息以及销售额全部记录下来，以便统计。

3. 技术研发进展

RFID技术以电子标签来标志某个物体，电子标签中的数据通过天线发射到附近的RFID读写器，读写器对收到的数据进行收集和处理。RFID系统主要由电子标签、读写器和计算机通信网组成。RFID的核心技术包括RFID天线技术、数据的完整性和安全性、RFID中间件技术和RFID的标准体系。

（1）RFID天线技术。

RFID在不同的应用环境中使用不同的频段，不同频段RFID天线设计方法不同。RFID电子标签天线的设计需考虑某些条件，如RFID天线须足够小并与标签有机结合附着到物体上，这些条件会限制RFID天线设计时可选的天线结构与所用材料。读写器天线的设计要求低剖面、小型化和多频段覆盖，并且针对不同频段选择集成式或者分离式结构。

影响 RFID 天线应用性能的参数主要有天线类型、尺寸结构、材料特性、工作频率、频带宽度、极化方向、方向性、增益、阻抗问题等，在设计过程中，需要对上述参数加以权衡。

目前，RFID 天线技术的研究集中在以下方面：①减少电磁干扰和电磁屏蔽的设计方法；②能够覆盖各种频率的复合天线设计；③低剖面、小尺寸、低成本的电子标签天线设计；④智能波束扫描天线阵设计；⑤相关仿真软件和平台设计；⑥标签天线和附着介质匹配技术等。

（2）数据的完整性和安全性。

数据的完整性和安全性问题主要在阅读器与电子标签的数据传输过程中。数据完整性问题主要有两个方面：外界干扰，可用数据校验解决；多标签同时占用信道发送数据发生冲突以致碰撞，可用防碰撞算法解决。数据安全性问题可采用流密码技术等对数据进行加密传输，防止外来攻击及未经授权的非法数据读写。外界干扰产生的数据完整性问题的差错控制方式主要有检错重发、前向纠错和混合纠错法，这是无线通信的基本问题，不作讨论。多标签同时响应阅读器请求传输数据产生的碰撞问题，是近年来研究的热点。现有防碰撞算法主要可分为基于 ALOHA① 的不确定型算法和基于二叉树的确定型防碰撞算法，以及对两类算法的改进算法。纯 ALOHA 算法的系统最大吞吐率只有 18.4%，时隙 ALOHA 算法的系统吞吐率可达 36.8%，但标签碰撞概率依然很大，进而有帧时隙 ALOHA 算法。基于帧时隙 ALOHA 的动态帧时隙 ALOHA 改进算法主要是调整识别过程中的帧长，但都存在着帧长计算不准确、算法复杂和识别时间长，因此又有多种改进的 RFID 动态帧时隙防碰撞算法和基于分组的动态帧时隙 ALOHA 防碰撞算法。

基于 ALOHA 的不确定型算法下标签容易出现“饿死”情况（即标签存在不被识别的可能），基于二叉树的确定型算法解决了这种“饿死”，但识别周期长、标签能耗大。因而提出基于二叉树的改进算法，改进的自适应多叉树防碰撞算法，及将二叉树与帧时隙 ALOHA 算法结合提出混合型的防碰撞算

① ALOHA 算法，一种防碰撞算法。

法。目前，对 RFID 系统安全问题提出的解决方案大致分两类：一类是通过物理方法限制电子标签某些功能以保护其内部数据；另一类是基于各种加密算法的安全认证协议或改进现有 RFID 认证机制。物理方法主要有读写距离控制、主动干扰、标签自毁与休眠机制、静电屏蔽法等，但会不同程度损坏标签，而采用加密算法的安全协议更灵活。如重加密技术，同时扫描多个标签的Grouping - Proof（群组验证）协议，利用哈希函数单向性特点的安全协议等。

（3）RFID 中间件技术。

RFID 中间件技术主要包括对读写器采集数据的过滤与存储技术、基于数据聚合的事件处理技术、信息服务与安全技术。

①数据存储与过滤技术。

RFID 系统中多个读写器同时工作时，数据流速度极快，现有数据库无法以如此快的速度存储数据，一般通过消息队列缓存数据来协调。来自读写器的数据有很多冗余，通常采用数据过滤技术提高处理效率并降低系统能耗。经典的过滤算法是哈希过滤，但其存在哈希冲突，若采用布隆过滤器对 RFID 数据过滤算法进行改进，达到较低的误判率并提高处理速度约 2 倍。

②基于数据聚合的事件处理技术。

RFID 中间件对采集到的数据进行聚合处理以提取有价值信息提供给上层应用。聚合可解决数据临时性读取错误，使数据平滑，在此基础上采用复杂事件处理技术，整理出有价值事件，并从中获取可操作信息。

③信息服务与安全技术。

采用消息传递和排队模型，中间件可在分布式环境下扩展进程之间的通信，并支持多种通信协议、语言、应用程序、硬件与软件平台。面向消息的 RFID 中间件在消息传递和排队技术方面可使应用程序运行于不同时间，无须约束应用程序结构，从而实现程序与网络复杂性相隔离。RFID 中间件中的安全模块可完成网络防火墙的功能。

（4）RFID 的标准体系。

①技术标准，定义不同频段的空中接口及其相关参数，包括基本术语、物理参数、通信协议、相关设备等。

②数据内容标准，定义数据协议、数据编码规则和语法，包括编码格式、语法标准、数据对象、数据结构和安全等。

③性能标准，即一致性标准，包括设备性能测试标准和一致性测试标准，主要涉及设计工艺、测试规范、试验流程等。

④应用标准，定义用于特定环境 RFID 应用的构架规则，包括应用于工业制造、物流仓储、交通运输、动物识别等领域的应用标准与规范。现阶段，对于 RFID 中间件标准与信息安全标准的研究还处在探索融合时期，中国在制定自己的 RFID 标准时，应在与全球各大标准体系中成熟的 RFID 标准互联互通的基础上，积极开发有自主知识产权的 RFID 标准，并积极参与全球 RFID 标准的制定。

4. 产业应对措施

（1）加大政策扶持和人才培养力度。

为促进中国 RFID 行业健康、快速地可持续发展，应该在政策层面上给予更广泛的支持。从区域发展特点来看，政府应该加大中西部等经济欠发达地区的行业扶持力度，创造更好的政策环境，加大吸引优秀行业企业投资的力度，鼓励企业创新并提供税收优惠。从市场结构方面，政府应该加强行业引导，调整市场机构，将中国目前以制造类为主的 RFID 市场结构通过政策手段调整到设计、开发、制造、应用产业链全面协同发展的轨道上来。加强市场监督检查机制，维护 RFID 行业秩序，营造健康的 RFID 行业市场环境。同时，还应该加强 RFID 行业人才的培养，注重 RFID 人才梯队的建设，培养各个类型的专业技术人才，无论是产品设计、开发的研发人员，还是行业应用的实施人员都是行业发展的原动力。最后，也需要加强国际间、地区间的交流与合作，建立稳定的专业人才储备机制。

（2）增强企业创新力，拓展新兴市场。

随着物联网产业的兴起，越来越多的企业开始重视发展 RFID 产业所带来的机遇，纷纷涉足 RFID 领域。众多企业的加入不但给国内 RFID 产业注入了新鲜力量，而且还不断扩展着 RFID 技术的应用领域。但也应该看到，众多企业的加入也同时加剧了国内 RFID 领域的市场竞争，价格战开始逐渐显现。对于已经发展起来的企业来说，不但要能维护好现有优势业务领域，还要建立技术创新体系，增强其核心竞争力和发展后劲，提高企业对国际、社会资源的吸引力和整合力。对于新进入企业或并不具备较强竞争力的企业来说，想要在激烈的市场竞争中生存下来，并取得良好效益，还要能准确把握市场趋势和热点，积极开拓新兴领域。只有新兴领域才是“蓝海”市场，才会给企业带来巨大机遇与回报。而目前国家对物联网、智慧城市的重视，无疑使得 RFID 技术在这些领域的应用有了重大机遇，而选择新领域，或许可以给企业带来发展良机。

（3）加快构建中国的 RFID 标准体系。

虽然目前中国还没有自己独立的技术体系，但从科学技术的发展趋势来判断，统一标准体系的诞生将不可阻挡，因此，为了 RFID 行业健康、快速的发展，营造良好的行业发展环境与氛围，我们应当积极建议国家相关部门，统一制定技术规范与行业标准体系，并积极推广标准体系在全行业充分应用与实践，标准体系应可以支持全行业的发展。因此，不仅要制定相关政策，以保障在政策层面能够推动技术标准的统一，而且，建议出台应用标准体系的优惠政策，从经济上促进行业标准的贯彻与落实，并且，要积极鼓励中国的科研机构，大中专院校进行自主创新，参与及研发国内、国际 FRID 技术标准与行业标准的制定、修订方面的工作，积极在国际上推广我国关于 RFID 的技术规范与行业标准，加大中国在 RFID 标准制定中的话语权。我们相信，通过这些积极努力的工作，中国 RFID 标准将会与国际标准越来越一致，中国 RFID 产业发展将会为全球 RFID 产业发展增添动力与活力，实现双赢的局面。

（4）完善 RFID 隐私保护法律法规。

在美国、日本、欧盟等国家都出台了文件，明文规定对 RFID 技术隐私方面进行保护。比如美国就提出了《关于消费者与私人企业使用 RFID 的纲领》《RFID 受告知权法案》等；日本在 2004 年制定的《与 RFID 标签有关的隐私保护的指导方针》。2009 年 5 月，欧盟委员会制定并通过《射频识别技术应用中隐私和数据保护原则的建议》。而近年来，随着中国 RFID 行业的快速发展，隐私问题（如信息泄露和标签跟踪等）日益显现。因此，为了有效地保护数据安全和个人隐私，引导 RFID 行业的健康发展，应当加快建立和完善 RFID 隐私保护方面的法律法规。首先，建立 RFID 隐私保护立法，明确 RFID 应用中隐私权保护的基本内容和保护标准；其次，完善规范行业自律的立法，通过增加有关违反行业自律侵犯个人隐私的责任，来反向促进 RFID 行业对个人隐私的保护；最后，增强公众对 RFID 隐私权的自我保护意识。

（5）商业模式亟待创新推动。

RFID 的大规模应用是否成功最终取决于其商业模式的创新，而完全依赖于政府推动的形象工程难以真正成为企业发展的普遍模式。RFID 应用中除了要注重标签前端存储功能信息平台的开发以外，更要注重后台信息资源的深度开发利用。同时在发展 RFID 标识应用的过程中，推进系统化的应用；在发展 RFID 产品制造业的过程中，积极推进 RFID 服务业的形成；在发展工具型应用的过程中，努力开发和探索资源型应用；在发展封闭环应用模式的过程中，着力推进开环应用模式。做到以 RFID 采集信息的深度加工为核心，通过创新商业模式，创新产业形态，由政府主导向信息运用转变，由促进“功能服务”向“信息服务”转变，由此带动 RFID 产业的良性发展。

5.5 智慧物流产业典型企业

5.5.1 普洛斯

1. 企业概况

普洛斯是全球领先的物流及工业基础设施解决方案提供商，是中国最早的智慧物流生态系统的建设者和推动者。截至 2018 年 4 月，普洛斯在中国、美国、日本、巴西、欧洲等市场管理资产规模超过 520 亿美元。在中国，普洛斯及其旗下品牌环普在 38 个战略性区域市场投资、开发并管理着 258 个物流园、工业园及科创园，物业总面积达 3300 万 m^2。

2. 普洛斯的智慧物流发展方向

普洛斯积极进行多元化的转型升级，基于智慧物流、新能源及科技产业的发展，通过股权投资、金融服务，形成领先的产业发展生态体系。

股权投资。普洛斯通过股权投资了三十几家企业，这些企业以新兴行业、新经济背景为主，如新能源、大数据、物联网、食品生鲜、冷链物流等。2018 年 5 月，普洛斯宣布设立隐山基金，本期投资目标总额为 100 亿元人民币，是目前国内首个物流生态领域投资的专项基金，投资方向集中在现代物流集成运力体系、食品供应链等领域。

金融服务。普洛斯金融利用自身强大的产业背景，结合自身金融实力、科技能力和生态体系，专注于打造中国物流新生态，为物流企业和物流从业者提供一站式服务，为各参与方提供各种增值服务。主要提供各种金融服务，包括运力金融、设备金融、跨境电商供应链金融、汽车后市场供应链金融、食品冷链供应链金融、中小微企业小额贷款等。

普洛斯在中国最早启动智慧物流的开发建设，投资了国内多家的物流大数据公司，致力于打造中国顶尖的物流大数据共享平台。普洛斯还与合作伙伴共同组建了新技术公司，研发基于自动驾驶、新能源技术和物流大数据的全新一代自动驾驶新能源智能重型卡车。

3. 案例评述

普洛斯是中国知名的现代产业园的提供商和服务商，也是中国市场最早启动智慧物流及相关产业生态系统的打造者和促进者。普洛斯正积极打造领先的智慧物流行业生态体系。

5.5.2 万科物流

1. 企业概况

万科物流的定位是智慧物流园区和产业园区的综合服务商，业务范围涵盖项目从投资选址、开发建设、招商运营的全生命周期。以客户需求为中心，坚持为客户提供优质产品和服务解决方案，致力于成为客户供应链的战略伙伴。

万科物流践行万科集团坚持与城市同步发展、与客户同步发展的两条发展主线，做城市配套服务商，推动百姓美好生活。2014 年，万科集团领先其他传统开发商成立物流地产事业部率先战略布局物流地产；2015 年，深圳万科物流管理有限公司成立，推出全新新业务品牌；2017 年，迅速扩张进驻全国 20 个主要城市，签约总建筑面积超过 250 万 m^2；2018 年，进驻全国 32 个主要城市，总建筑面积超过 750 万 m^2，并进军冷链市场，提供供应链管理。

2. 万科物流智慧物流发展战略

（1）智慧物流技术。

①自动化设备。

通过自动化立体库、自动分拣机、传输带等设备，实现存取、拣选、搬运、分拣等环节的机械化、自动化。自动分拣系统如图 5 – 13 所示。

图 5 – 13　自动分拣系统

②智能设备。

通过自主控制技术，进行智能抓取、码放、搬运及自主导航等，使整个物流作业系统具有高度的柔性和扩展性，例如拣选机器人、码垛机器人、无人机、无人车等。无人搬运车如图 5 – 14 所示。

图5－14 无人搬运车

③智能终端。

使用高速联网的移动智能终端设备，物流人员操作将更加高效便捷，人机交互协同作业将更加人性化。

（2）万科冷链物流。

万科冷链物流运用一线城市资源，快速获取规模效应，协助政府提升食品安全，改善民生，同时把握进入冷冻贮藏领域的历史机遇期。在冷链物流方面，其充分利用万科集团和万科物流地产的平台优势和社会资源，快速搭建轻重资产平台，建立生态运营体系，与合作伙伴互利共赢、与行业客户协同发展。万科冷链物流依托万科集团的品牌和文化号召力，有效实施人才战略，招纳行业内志同道合、经验丰富的冷链运营管理人才，为客户提供差异化、定制化的专业服务。

（3）物流智能运营平台。

①仓库设备控制系统（WCS）。

实时监控物流运作智能机器人状态，控制机器行动路线算法，指导智能设备运行作业。

②路径优化系统（ROS）。

运算出满足各项业务需求的最佳运输方案。

③数据化运营平台（VDP）。

监测运营指标，监控异常情况，实现仓库资源数字化、作业跟踪实时化，评价客户服务指标等。

④订单管理系统（OMS）。

订单管理系统统一管控订单活动全生命周期，包括订单路由管理分发、与物流轨迹跟踪、移动端对接等。

⑤运输管理系统（TMS）。

运输管理系统负责把握基于供应链物流环节中的运输管理，包含前端取货、干线、零担、整车、中转发运、落地配等，提供对运输执行的管理和监控。

⑥仓储管理系统（WMS）。

仓储管理系统负责基于物流运作过程中仓库内部精益化管理，包含仓库收、发、存及内部各类管控流程。

⑦车货交易系统（VGS）。

为承运商和货主搭建实时合作平台，实现在途监管、车辆资源及时跟踪、第三方运力平台对接。

⑧物流费用管理系统（BMS）。

负责运输仓储费用计算，结合费率信息以及计费引擎进行结费计算等。

物流智能运营平台如图 5－15 所示。

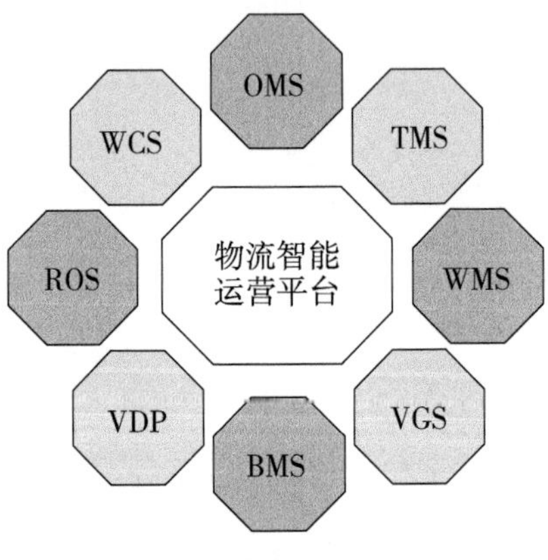

图 5－15　物流智能运营平台

3. 案例评述

万科物流目标是建立完善成熟的现代化仓储服务体系，万科物流对智慧物流仓储的要求是更安全、更科学、更集约并实现自动化。此外，万科物流尽力提供全方位的增值服务，万科物流的仓库和园区要求物流网可以覆盖所有设施设备，打造信息服务平台，客户能够实现一键保修、在线跟踪、移动监控等。值得一提的是，万科物流还能和万科集团其他业务板块产生协同效应，这也是万科物流的一大优势，这种协同效应依托于万科集团多年来积累的客户生态圈。

6　智慧物流发展驱动力

随着“互联网+”“工业4.0”、《中国制造2025》的提出，中国各行业已经进入了转型升级的重要时期。与此同时，在行业需求、产业基础、先进技术和政策保障的驱动下，物流行业开始不断涌现新模式、新业态、新融合，为行业的转型升级开辟了新路径，智慧物流的发展正当其时。智慧物流发展驱动力如图6－1所示。

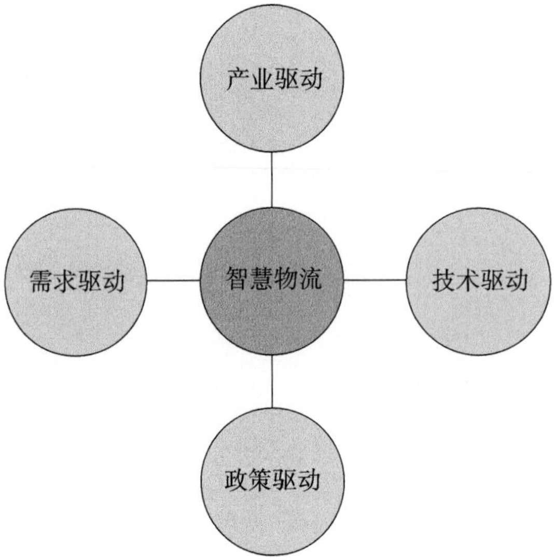

图6－1　智慧物流发展驱动力

6.1　需求驱动

近年来，消费与民生领域物流需求成为物流需求增长的重要驱动力。全年单位与居民物品物流总额同比增长 29.9%，高于社会物流总额增长 23.2 个百分点，成为物流需求增长的重要驱动力。2017 年电商物流行业整体向好，总业务量指数平均达到 143.4 点，反映出全年电商物流业务量同比增速超过 40%，以 2015 年 1 月为基期的定比来看，2017 年总业务量指数达到 354.1 点，高出 3 年间电商业务量达到基期的 3.5 倍以上。

6.1.1 智慧物流与《中国制造 2025》

《中国制造 2025》背景下，智能物流仅仅是开端，智慧物流将是物流产业的新形态。随着新一代信息技术的发展，《中国制造 2025》必将拥抱智慧物流。在《中国制造 2025》中，最受关注的无疑是智能制造，而“智能物流”是其中的重要方面，即通过“互联网 +”物联网，整合物流资源，发挥现有物流资源供应方的效率。归根结底，就是通过人、设备、产品的实时联通与有效沟通，最终实现生产者和消费者直连的状态。这对于中国物流行业来说，无疑也是一个新的机遇。

一直以来，中国具有低成本竞争优势，但是随着企业用工成本的不断攀升，经济发展放缓，中国经济“高成本时代”逐渐来临，这些都给企业带来了前所未有的巨大压力。这种背景正是传统物流向智慧物流发展的强大动力。

近年来，已有包括德马、北自所等国内物流装备技术行业领头羊在物流智能化领域进行了探索，或发布其智能化战略，或实施了智能物流项目。不久前，圆通获得阿里巴巴联手云峰基金的战略投资更是引人关注，此次战略投资完成后，菜鸟网络将与圆通开展更深层面合作，依托双方的地位和品牌，打造整个互联网和快递行业的升级版，以满足越来越大的市场需求。作为智慧物流、智能流通的“急先锋”，在阿里巴巴的菜鸟网络体系之下，智慧物流的“天网”和“地网”正在铺开。“天网”是指物流信息的云端数据收集、分析系统；“地网”则是在全国各个物流中心区域建设仓储中心，搭建联通全国的高标准仓储体系。一场围绕智能化的产业革命正席卷整个物流行业。

据前瞻产业研究院《智能物流行业市场需求预测与投资战略规划分析报告》数据显示，2015 年中国智能物流设备市场容量达 684 亿元，2016 年达

862 亿元，2017 年超过 1000 亿元，预计 2018 年将达 1360 亿元，年增速在 20% 以上。报告分析认为，中国智能物流系统平均渗透率在 20% 左右，行业正处于快速成长阶段。在整个智慧物流系统里面，包括很多硬件设备和软件设备，其中自动化立体仓库和自动输送机是占比最重的资产，两者合计超过 50%。

6.1.2 智慧物流与电子商务

随着互联网的普及，中国电子商务得到了快速持续的发展，大数据、云计算和物联网等新一代信息技术为电子商务的发展提供了更好的发展空间。电子商务背景下，物流业已从单纯的商品流动转变为以信息流为核心的电子商务物流模式，发展信息化和智能化的物流软硬件刻不容缓。

（1）农村电子商务需要智慧物流。

随着电子商务在中国的不断发展，农村网络基础设施建设的不断加强，大量的淘宝村不断涌现，农民将农产品通过第三方电子商务交易平台“淘宝网”进行销售，拓宽了农产品的销售渠道，提高了农产品的销量，拉动了农村经济。但电子商务无论如何发展，不管任何形态，最后都离不开物流。电商实现的是线上产品信息的零距离对接，物流承担的则是与信息匹配的货品及服务的无缝对接，要实现电子商务的高效率，必须有一整套复杂、全面，同时又灵活的体系实现上下游信息、货品和资金的高效流转。全面提升电子商务物流业信息化和智能化不能仅将希望寄托于物流企业一方，政府、电子商务经营者的参与也必不可少。政府要大力扶持本土物流软件开发机构和现代化物流设备制造企业，推进经济、实用、优质的本土化智能软件及自动化设备服务于中国物流企业。

（2）跨境电子商务需要智慧物流。

近几年来，中国的电子商务一直呈爆发式增长。与此同时，随着全球经济一体化趋势的日益加深，中国的电子商务也从服务国内市场延伸到国际市场，跨境电商概念便应运而生。跨境电商是指分属于不同国别或地区间的交易主体，通过互联网等信息平台达成交易，完成相关支付结汇，并通过跨境物流将商品送达顾客手中。当前，跨境电商发展迅猛，市场潜力巨大。数据显示，2017 年中国跨境电商整体交易规模（含零售及 B2B）达 7.6 万亿元，增速可观。2018 年跨境电商交易规模有望增至 9.0 万亿元。预计 2020 年之前，跨境电商行业还将维持 15.7% 的年均复合增速，且 2020 年将达到 12 万亿元的规模。跨境电商的蓬勃发展使物流行业成为最大的受益者，在云计算、大数据、“互联网 +”等新一代信息技术的广泛应用背景下，智慧物流是解决跨境电商物流瓶颈的主要路径之一。

6.1.3 智慧物流与“一带一路”

“一带一路”倡议是为了扩大开放，特别是为了向东部和向西部开放而提出的前瞻倡议。“一带一路”倡议拉开了世界经济合作发展新序幕，使关联区域直接或间接产生更大的物流需求。在“一带一路”的建设当中，物流的作用将从后方保障转变为前方引导，特别是基于物联网技术的智慧物流将发挥重要作用。

（1）智慧物流为“一带一路”畅通的经贸合作拓展了更广阔的市场空间。

随着“一带一路”的实施，中国与沿线国家和地区的经济技术合作会逐渐加深，国际贸易也会进一步活跃。据商务部统计，目前，中国是不少沿线国家的最大贸易伙伴、最大出口市场和主要投资来源地。过去 10 年，中国与沿线国家贸易额年均增长 19%，对沿线国家直接投资年均增长 46%。随着“一带一路”的建设，沿线区域内双边贸易和投资量将会持续扩大，贸易投资量的扩大将带来物流量的扩大，而智慧物流的发展将为畅通的经贸合作拓展更广阔的空间，从而确保经贸物流的顺利完成。

（2）智慧物流为“一带一路”的互联互通提供了基础保障。

加强沿线区域海陆空基础设施的互联互通是“一带一路”建设的重中之重。“一带一路”的互联互通，要求中国在道路交通方面与周边国家构建更加紧密的交通运输体系，以降低物流成本，提高物流效率。而智慧物流的基础就是建立实体物理世界的互联互通，物流人员、装备设施以及货物将全面接入互联网，实现彼此之间的互联互通。因此智慧物流的发展必然会增进沿线各国之间的物流基础设施建设，为“一带一路”的互联互通提供保障。

（3）智慧物流为“一带一路”国际业务的可持续增长创造了条件。

“一带一路”沿线国家是中国输出铁路、核电等高端装备及钢铁、有色、建材、轻纺等国内传统优势过剩产能，并在境外建设上下游配套生产线，实现全产业链“走出去”的重要核心市场。中国政府将谋划在一些沿线国家设立产业园区、智慧物流园区等，这都将释放和聚焦巨大的物流需求，而这些物流需求的满足需要依靠智慧物流的不断发展。

“一带一路”倡议的实施，一方面将更有利于中国产业转移，将会给物流企业“走出去”带来更多机会，另一方面有利于提高中国物流业利用内外资本投资的便利程度。

6.1.4 智慧物流与扶贫攻坚

“十三五”期间中国脱贫攻坚的主要目标是：到2020年稳定实现农村贫困人口不愁吃、不愁穿，农村贫困人口义务教育、基本医疗、住房安全有保障；同时实现贫困地区农民人均可支配收入增长幅度高于全国平均水平、基本公共服务主要领域指标接近全国平均水平。而实现脱贫攻坚目标的主要途径则是不断发展农村经济，提高农民收入。

当前中国农村人口占全国人口比例为50.32%，而农村快递等物流业务却只占全国的25%左右，农村物流市场发展潜力巨大。

农村物流市场具有小批量、附加值较低、空间分布广等特点，在“互联网+”时代，农村经济的发展，新型城镇化的发展，不能仅仅依靠粗放、落后的大物流来支持，而是应当借此契机提升物流业整体水平，大力发展现代化、高水平的智慧物流，以此来支持和促进城镇化，实现扶贫攻坚目标。扶贫攻坚对智慧物流的需求主要表现在以下几个方面。

（1）农产品物流体系的构建与改善亟须智慧物流。

农产品智慧物流指的是农产品物流配送过程中广泛运用无线射频、传感器和地理定位系统等物联网技术来提升农产品物流系统的智能化与自动化处理能力，从而显著提升农产品实体物流系统的运行效率。通过农产品智慧物流的发展，帮助解决制约中国农村地区农产品物流企业规模偏小和产品布局紊乱的问题，更好地推动中国农产品物流产业健康发展，从而构建改善农产品物流体系，丰富城乡居民菜篮子，促进产业结构调整，解决农村居民创业与就业问题，促进社会和谐发展的综合物流系统，早日实现扶贫攻坚的目标。

（2）农村“最后一公里”配送模式创新亟须智慧物流。

2016 年菜鸟的县域“智慧物流 +”计划已经覆盖了 530 个县城，3 万个村点，2017 年已覆盖全国 2/3 以上的县城。农村原来的配送模式是：几家快递公司都要安排快递员把包裹送到农村家家户户手中，物流成本高。而菜鸟的县域智慧物流配送模式则是：菜鸟在村镇建立服务点，运营中心会先把各地的包裹全部分拣，以村镇为单位，分发给各个快递公司，各快递公司只需要把包裹送至村镇服务点，届时服务点的“村小二”和农村淘宝合伙人会把包裹送至村民手中，或村民顺路到服务点取包裹。

智慧物流的配送模式达到了省时省力，菜鸟通过社会化协同的方式在各个县寻找合作伙伴。在农村偏远地区构建了一套行之有效的末端物流体系。这种县域智慧物流模式下，菜鸟没有一个快递员，但像 Uber 一样，构建了一个数据驱动、社会化协同的物流及供应链平台，通过一定的标准，保证服务质量。

扶贫攻坚的实现必须重视智慧物流的发展。为更好地推动物流产业发展，必须致力于消除物流基础设施、物流技术、物流装备、物流管理等方面的制约，改变物流产业落后的经营状态，抓住信息化契机，利用现代信息技术，花大力气打造智慧物流，为更好地实践“智慧物流”，应当以物流园区为抓手，以城镇间的物流系统，城镇间的快递服务与运行系统，城镇内集中的仓库群和车站等物流节点等为切入点，进行系统思考和全面规划。

6.2 产业驱动

（1）物流产业规模不断扩大。

随着互联网、大数据以及物联网的广泛应用，中国物流业总体呈现出稳步增长态势，产业规模不断扩大。2017 年，中国社会物流总额为 252.8 万亿元，同比增长6.7%，增速比上年提高0.6 个百分点。2017 年物流业总收入为 8.8 万亿元，比上年增长11.5%，增速提高6.9 个百分点。其中，快递服务企业业务收入比上年增长 24.7%，增速高于物流业平均水平。2017 年中国社会物流总费用 12.1 万亿元，同比增长 9.2%，增速低于社会物流总额、GDP 现价增长。统计数据显示，2017 年分季度看，一季度56.7 万亿元，增长7.1%，提高 1.1 个百分点；上半年 118.9 万亿元，增长 7.1%，提高 0.9 个百分点；前三季度 184.8 万亿元，增长 6.9%，提高 0.8 个百分点。全年社会物流总需求呈现稳中有升的发展态势。

（2）现代物流基础设施不断完善。

随着中国物流固定资产投资的快速增长，现代物流基础设施不断完善。截至2016 年年底，中国高铁里程达2.2 万 km，位居世界第一。全国高速公路里程突破 13 万 km，位居全球第一。目前中国已建成干支相互衔接的水运网络体系，沿海港口整体水平处于世界前列，全国内河通航里程达到 12.8 万 km，居世界第一，其中沿海港口 16.7 个，内河港口 394 个。民用航空机场体系基本建成，定期航班机场达到 204 个，民航运输安全水平位于世界前列。邮政、快递年业务量均位居世界第一。管道方面，现已建成以西气东输线、陕京输气为骨架的全国性供气网络，以及中俄、中哈、中缅等骨干输油管道，初步形成了“横跨东西、纵贯南北、连通海外”的全国油气管道骨干网络体系。

近年来，随着国内众多集货运、生产、商贸和综合服务为一体的综合物流园区相继建立，集“功能集聚、资源整合、供需对接、集约化运作”为一体的物流平台不断涌现。目前全国各种类型的物流园区近 800 个，物流基础设施网络正在形成。

（3）“互联网 +”智慧物流深入推进。

随着云计算、大数据和物联网等现代信息技术的广泛应用，以“互联网 +”高效物流为特征的智慧物流得到迅速发展，并催生出了一批诸如“互联网 +”高效运输、智能仓储、便捷配送、智慧物流的新模式、新业态和新企业。在“互联网 +”高效运输领域，涌现一批“互联网 +”货车调配、货运经纪、甩挂运输等创新物流模式和一批诸如卡行天下、货车帮、正广通等代表性新物流企业。在“互联网 +”智能仓储领域，智能仓储在冷链、快递、电商等细分市场得到快速应用和推广，比如顺丰、京东商城、苏宁物流等电商企业，采用智能仓储机器人，提高货物仓储自动化、信息化水平；在“互联网 +”便捷配送领域，诞生了一批像百度、美团等即时配送新模式物流企业，致力于解决“最后一公里”物流瓶颈；在“互联网 +”智慧物流领域，可视化技术、无线视频识别、货物跟踪定位等新兴技术广泛应用于物流行业，诞生了一批诸如菜鸟等的新兴物流企业，打造出了“物流 + 大数据 + 互联网”为一体的智慧物流云平台。

6.3 技术驱动

智慧物流是依托物联网技术实现的，物联网是其发展的技术基础。智慧物流的技术核心是信息的智能获取、传递、处理和运用，涉及自动识别、数据挖掘、人工智能和地理信息系统四大领域。自动识别是高度自动化的准确的海量数据采集和输入过程，应用于物流运输、仓储、配送等方面。应用数据挖掘方法，通过对物流数据的统计、分析、综合、归纳和推理，揭示物流系统运行的规律，为系统优化提供依据。以神经网络、进化计算和粒度计算为代表的人工智能技术应用于现代物流系统，大大提高了物流各环节的智能性。地理信息系统是将订单、网点、送货、车辆、客户等方面的数据纳入一张图表进行管理，实现快速分单智能化、网点布局合理化、运输路线最优化、包裹监控与管理自动化。

按照智慧物流体系服务环节，可以将智慧物流的关键技术分为 4 个方面。

（1）智能运作设备的关键技术。

主要包括机器人技术、自动分拣设备技术等，能够在一定程度上缓解“用工荒”“用工贵”等难题。

（2）物流资源整合的关键技术。

主要包括信息感知识别技术（如条码技术、射频技术、定位技术等）、资源管理优化技术（如数据挖掘及处理技术、车货匹配技术、配载线路优化技术等），结合现代物流发展现状，分析物流资源禀赋与短板，由此确定资源整合对象，实现资源的分类管理，构建物流静态资源和动态资源管理系统。

（3）信息平台搭建的关键技术。

主要包括互联网技术、物流信息标准化设计技术、功能模块设置技术、资金结算技术、风险防范技术等，通过智慧物流信息平台建设，实现对供应链上、下游企业的间接控制。

（4）物流方案设计的关键技术。

主要包括需求信息标准化处理技术、需求结构化分解技术、单功能服务方案设计技术、多功能服务方案集成及评价技术，通过智慧物流方案设计，使得有限的供给资源合理、高效、智能地匹配客户需求。

各类企业积极参与并开发物联网技术，为智慧物流的发展提供了技术基础。美国 IBM 公司在 2008 年 11 月率先提出“智慧地球”战略，将感应器嵌入和装备到电网、铁路、桥梁、隧道、公路、建筑、大坝等各种物体中，实现普遍连接，形成物联网。2015 年，亚马逊无人机快邮系统初见雏形，摆脱第三方货运，实现独自拥有大量物流份额。此外，英国 Tesco、美国沃尔玛、德国麦德龙等企业都宣布了自己的射频识别计划，大多实力较强的物流公司如联邦快递、联邦包裹等都实现了对物流跟踪和监控技术的应用，进而形成 RFID 的巨大市场和完整产业链。

企业积极参与并不断开发新型技术，促使物联网技术发展较快。据市场调研机构 Technavio 数据显示，在欧洲地区，物联网稳步发展，年复合增长率平均超过 6%，这又反作用于智慧物流的发展，为智慧物流的发展提供了强有力的技术保障。

6.4 政策驱动

中国高度重视智慧物流发展，已经形成了国家、省级、重点城市三级配套的政策，凸现了智慧物流在现代物流发展中的重要地位，也推动了现代物流向更高层次更高水平的发展，同时为智慧物流发展营造了良好的政策环境。

1. 国家部委层面

2011 年 8 月，国务院在《关于促进物流业健康发展政策措施的意见》中明确提出要推进物流技术创新和应用，加强物流新技术的自主研发，重点支持智能物流关键技术攻关。

2013 年 10 月，国家发改委发布的《全国物流园区发展规划（2013—2020年）》反复强调了作为“智慧物流”要素的物流资源的整合，强调了作为“智慧物流”设施与技术、物流信息平台、物流金融服务平台等相关“智慧物流”要素的构建、推广与应用，物流园区将成为物品、信息、物质、资金交流的“大舞台”，完全可以承担“抓手”的重任。

2015 年 7 月 22 日国家商务部办公厅发布《关于智慧物流配送体系建设的实施意见》，提出在全国范围内要创建 10 个智慧物流的配送示范城市、建设至少 50 个智慧物流的示范基地或者现代物流园、增加至少数量为 200 个的智慧物流的代表性企业。

2016 年 4 月，国务院办公厅发布《关于深入实施“互联网 + 流通”行动计划的意见》，鼓励发展共享经济，利用互联网平台统筹优化社会闲散资源，并提到要加强智慧流通基础设施建设，大力发展绿色流通和消费。

2016 年 6 月，国家发改委发布了《营造良好市场环境推动交通物流融合发展实施方案》，方案指出要以铁路、水运、港口等企业为重点，率先开展多式联运、智能物流配送等试点示范。

2016 年 7 月，国务院常务会议决定把“互联网 +”高效物流纳入“互联网 +”行动计划。随后，经国务院同意，国家发改委同有关部门研究制定了《“互联网 +”高效物流实施意见》，推进“互联网 +”高效物流与大众创业万众创新紧密结合，创新物流资源配置方式，大力发展商业新模式、经营新业态。2016 年 7 月，商务部发布《关于确定智慧物流配送示范单位的通知》，开展智慧物流配送体系建设示范工作。

2016 年 9 月，交通运输部办公厅印发了《关于推进改革试点加快无车承运物流创新发展的意见》，推动大数据、云计算等先进技术在物流领域的广泛应用。

2017 年 2 月，国务院印发的《“十三五”现代综合交通运输体系发展规划的通知》中提到要实施“互联网 +”便捷交通、高效物流行动计划。将信息化智能化发展贯穿于交通建设、运行、服务、监管等全链条各环节，推动云计算、大数据、物联网、移动互联网、智能控制等技术与交通运输深度融合。

2017 年 10 月 13 日，国务院办公厅发布《关于积极推进供应链创新与应用的指导意见》，提出要以供应链与互联网深度融合为根本路径，以信息化、标准化、信用体系建设和人才培养为支撑，创新发展供应链新理念、新技术、新模式，打造大数据支撑、网络化共享、智能化协作的智慧供应链体系。

2018 年 1 月 23 日，国务院办公厅发布《关于推进电子商务与快递物流协同发展的意见》，意见指出，要深入实施“互联网 + 流通”行动计划，提高电子商务与快递物流协同发展水平。强化标准化智能化，提高协同运行效率。加强大数据、云计算、机器人等现代信息技术和装备在电子商务与快递物流领域应用，大力推进库存前置、智能分仓、科学配载、线路优化，努力实现信息协同化、服务智能化。

2017 年 4 月，国家发改委等 11 部门联合发布了《关于推动物流服务质量提升工作的指导意见》提出“创新物流服务模式”，鼓励企业积极利用互联网等现代化信息技术改造业务流程，强化大数据挖掘运用，创新经营和服务模式，提高服务效率，改善客户体验。

2. 地方层面

地方政府出台的政策主要围绕两个方面，一是各地贯彻落实国务院及国家部委相关政策的实施意见，如《安徽省“互联网 +”高效物流实施方案》等；二是各地出台现代物流业发展规划，以及发改、交通、商务等厅局下发的部门物流规划等。

2014—2017 年我国重要物流政策如表 6 – 1 所示。

表 6 - 1　　2014—2017 年我国重要物流政策

发文机构	文件名称	发文时间
国务院办公厅	物流业发展中长期规划（2014—2020 年）	2014 年 9 月
	关于深入实施“互联网 + 流通”行动计划的意见	2016 年 4 月
	营造良好市场环境推动交通物流融合发展实施方案（转发国家发展改革委）	2016 年 6 月
	物流业降本增效专项行动方案（2016—2018 年）（转发国家发展改革委）	2016 年 9 月
	关于进一步推进物流降本增效、促进实体经济发展的意见	2017 年 8 月
	关于积极推进供应链创新与应用的指导意见	2017 年 10 月
	关于推进电子商务与快递物流协同发展的意见	2018 年 1 月
国家发展改革委	“互联网 +”高效物流的实施意见	2016 年 7 月
交通运输部	交通运输信息化“十三五”发展规划	2016 年 5 月
	综合运输服务“十三五”发展规划	2016 年 7 月
	关于推进供给侧结构性改革促进物流业“降本增效”的若干意见	2016 年 8 月
	关于推进改革试点加快无车承运物流创新发展的意见	2016 年 9 月
商务部	全国电子商务物流发展专项规划（2016—2020 年）	2016 年 3 月
	关于确定智慧物流配送示范单位的通知	2016 年 7 月
	商贸物流发展“十三五”规划	2017 年 2 月
国家邮政局	邮政业发展“十三五”规划	2016 年 12 月
	快递业发展“十三五”规划	2017 年 2 月

6.5 中国智慧物流发展存在的问题

智慧物流的发展在很大程度上是国家整体经济转型升级的必然要求，是发展到一定阶段的必然产物。物流行业上游制造方需要和下游消费者进行更紧密的有效对接，最终为智慧物流的发展提供需求的支撑。但是中国的智慧物流尚处于处级阶段，智慧物流的发展还存在一些突出的问题。

（1）对智慧物流的理解和认识不够。

政府和企业对智慧物流的认识不统一，智慧物流在实践过程中容易出现“重概念轻实体”“重项目轻规划”“重建设轻应用”“重模仿轻研发”“信息孤岛”整合难度大等问题。

政府层面，智慧物流资源分散在发改委、商务和交通等多个部门，各部门往往只顾及本部门职责范围内的“小物流”发展，资源配置、资金投入分散，难以形成合力促进“大物流”发展。企业层面，智慧物流资源集中在少数大企业手中，传统物流企业对智慧物流缺乏发展意识，担心被颠覆，不愿意树立开放竞合的格局，智慧物流未能形成“由点及线、由线及面”的良好局面。

（2）政策研究和储备尚有差距。

当前物流行业积极推进与互联网、物联网等先进技术融合发展，越来越多的社会公众正在共享智慧物流发展成果，智慧物流逐步呈现更高效、更经济、更便捷、更绿色等优势。但智慧物流政策研究和储备存在不足、评价体系不完善、技术标准不统一等问题。标准统一是物流信息流互联互通的基础，这就要求在编码、文件格式、数据标准、电子交换数据等方面实现标准化，以消除不同企业之间的信息沟通障碍。但根据物流协会对物流行业的调查结果，46.36%的物流企业认为“信息化标准不统一”，严重影响了行业的发展。

（3）智慧物流人才——复合型物流人才缺口较大。

人是智慧物流的核心，智慧物流并不是要避开人的因素，而是应该更为重视“人”。当前国内物流人才缺口 30 万 ~ 50 万人，人才供需的结构性矛盾明显，兼有物流管理、计算机技术、网络通信技术、物联网架构等相关知识并熟悉现代物流信息化运作流程的高端复合人才“一人难求”，物流业和信息化复合型人才严重匮乏。据统计，物流专业高端人才和一线技能人才缺口近 80%，高级物流管理人才满足企业实际需求的不足 10%。另外，高等院校输出人才的数量和质量难以满足企业发展的真实需求，行业人才供需结构性矛盾突出。

（4）智慧物流基础设施投入和布局不足。

智慧物流的发展前提是基础设施的广泛投入。传统物流企业信息化往往采用由内而外的发展，信息内部化和“孤岛问题”凸显。

智慧物流关键技术及设施设备研发投入不够，目前，在中国拥有信息系统的物流企业中，信息技术落后，信息系统功能不完善，缺乏必要的货物追踪系统、仓库管理系统、运输管理系统等物流服务系统，物流信息资源整合能力尚未形成，条码、射频识别、全球定位系统、地理信息系统、电子数据交换技术的应用不理想，多数企业物流设备落后，缺乏条码自动识别系统、自动导向车系统、货物自动追踪系统，与国外的智慧物流相比，还存在一定的差距。

7 智慧物流创新技术

现阶段，智慧物流的代表性技术主要包括感知、大数据、自动化、“互联网+”以及人工智能五个方面。这五个方面在一定程度上是依据智慧物流的深层内涵而有层次的推进，从感知（自动识别）到获取（信息采集、数据挖掘），到集成（数据仓库），再到决策（人工智能）。但是，在实际应用中，更多的时候这五个方面是相互交织的，如图7－1所示。

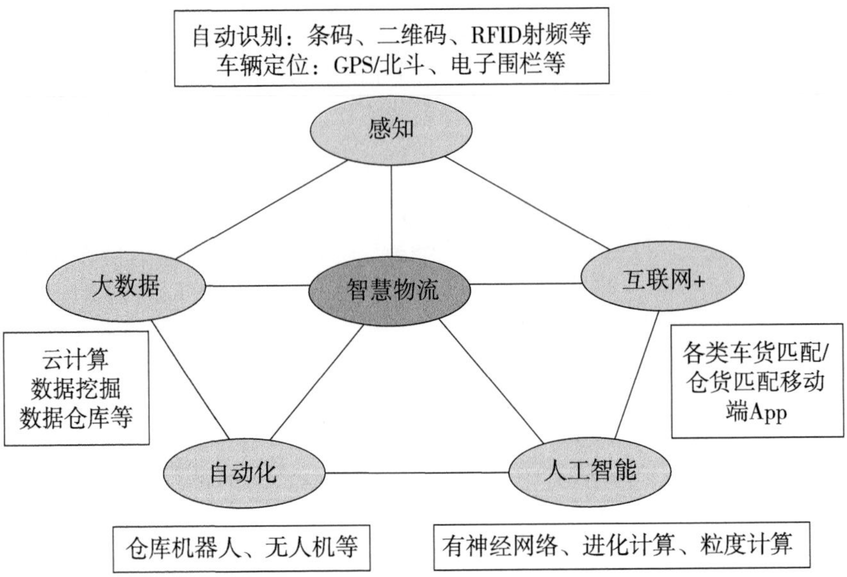

图7－1 智慧物流代表性技术架构

7.1 感知技术

我们选取目前应用范围最广的自动识别技术和车辆定位技术来介绍感知技术。

7.1.1 自动识别技术

1. 概述

自动识别技术是以计算机、光、机、电、通信等技术的发展为基础的一种高度自动化的数据采集技术。它通过应用一定的识别装置，自动地获取被识别物体的相关信息，并提供给后台的处理系统来完成相关后续处理的一种技术。它能够帮助人们快速而又准确地进行海量数据的自动采集和输入，目前在运输、仓储、配送等方面已得到广泛的应用。

自动识别技术在20世纪70年代初步形成规模，经过近30年的发展，自动识别技术已经发展成为由条码识别技术、智能卡识别技术、光字符识别技术、射频识别技术、生物识别技术等组成的综合技术，并正在向集成应用的方向发展。

智能识别技术是以计算机、光、电、通信技术为基础发展起来的一种集信息采集、识别于一体的高新技术。它通过一定的智能识别装置，就可以采集到物体的相关信息，并同时将采集到的信息传递给处理系统进行处理。智能识别技术的运用改变了传统物流靠人工采集识别物流信息的局面，大大提高了物流效率。一般来说，物流中智能识别技术包括条码识别技术、射频识别技术（RFID）、智能卡识别技术、光字符识别技术、生物识别技术，其中当下物流最常用的为射频识别技术，通常情况下，RFID系统由三部分组成，即标签、阅读器/读写器、天线。

2. 主要技术发展及其特点

（1）条码识别技术。

由于其具有输入速度快、信息量大、准确度高、成本低、可靠性强等优点，无疑是应用最简洁方便、可提高物流效率的自动识别技术。在仅仅40年的时间里，它已广泛应用于交通运输业、商业贸易、生产制造业、仓储业等生产及流通领域。它不仅在国际范围内为商品提供了一套完整的代码标识体系，而且为供应链管理的各个环节提供了一种通用的语言符号。货物的条码是建立整个供应链的最基本条件，它是实现仓储自动化的第一步，也是作为POS（销售终端）快速准确收集销售数据的手段。作为一种传统、经济的自动识别技术，具有强大的生命力，低成本、使用便捷的特点决定了其能够适用于中国物流行业信息化的基本要求，目前具有广泛的市场空间。条码如图7－2所示。

图7－2　条码

（2）二维码技术。

二维码技术应用在物流管理过程中，通常是把二维码印制或粘贴在物品的外包装、物品本身上，通过应用二维码识读器和计算机网络设备对物流全过程进行实时跟踪、识别、认证、控制、反馈，避免数据的重复录入。

包裹传递过程中物流配送可分为仓储式配送和通过式配送两种方式，通过应用二维码技术和计算机网络技术实现货物从取件、运输、传递的全过程信息跟踪处理。在每个环节用二维码识读器进行跟踪查询，货物配送，配送前将配送商品资料和客户订单资料下载到移动终端中，到达配送客户后，打开移动终端，调出客户相应的订单，然后根据订单情况挑选货物并验证其条码标签，确认配送完一个客户的货物后，移动终端会自动校验配送情况，并做出相应的提示。另外，客户可以通过网络实时了解物品的相关位置。生产线上的产品跟踪，在日常生产中，对产品的生产过程进行跟踪。首先，对商务中心下达生产任务单，任务单跟随相应的产品进行流动。其次，每一生产环节开始时，用生产线终端扫描任务单上的条码，更改数据库中的产品状态。最后，产品下线包装时，打印并粘贴产品的客户信息条码。

二维码技术可以针对物流各个环节的特点，建立相应的仓储管理系统、运输管理系统、档案自动化管理系统等，做到对每一个物流的实施管理控制。但二维码的设备和应用市场对于现今物流行业来说还只是刚刚起步，其在物流领域更深层的应用还有待开发，二维码被誉为移动物联网的入口，前景广阔，潜力巨大。

（3）RFID 技术。

电子商务利用互联网技术把企业与顾客联系在一起，整个供应链由企业、物流中心和顾客组成，减少了中间环节。与传统商务相比，物流中心的作用变得越来越突出，利用 RFID（Radio Frequency Identification，射频识别）技术提升物流中心的管理水平，可以有效地提升电子商务的供应链速度。

使用 RFID 技术，货物在物流中心的运动过程，在仓库中的分布情况以及货物本身的信息，都可以实时、准确地记录进入主机系统，增加了物流过程的可视性，有助于物流中心对其资产进行合理计划应用，充分利用叉车、搬运车等设备。快速准确的信息使电商企业能够在短时间内对市场做出快速反应，增强了对市场的适应能力。

RFID 技术已经较为成熟，具备广泛商业应用的条件。随着中国人工成本的提高，原来制约其应用的成本问题也将得到缓解，其在电商物流中的应用也会越来越广泛。

RFID 技术采取非接触式采集信息，容易受到外界因素的干扰而影响准确性，如货物的物理特性、大小、安装环境、应用层级、标签形式、安装方式等。电商物流中的货物性质复杂、形制多样，增加了应用的难度。如何根据具体的环境、货物确定合理的应用方案，需要进一步探讨。另外，RFID 技术现在还没有国家的统一标准，企业在频率选择、编码规则等方面并不一致，使得企业间信息传输、应用受到限制，这些问题也需要在今后逐步解决。RFID 技术在现代化仓储管理中应用如图 7－3 所示。

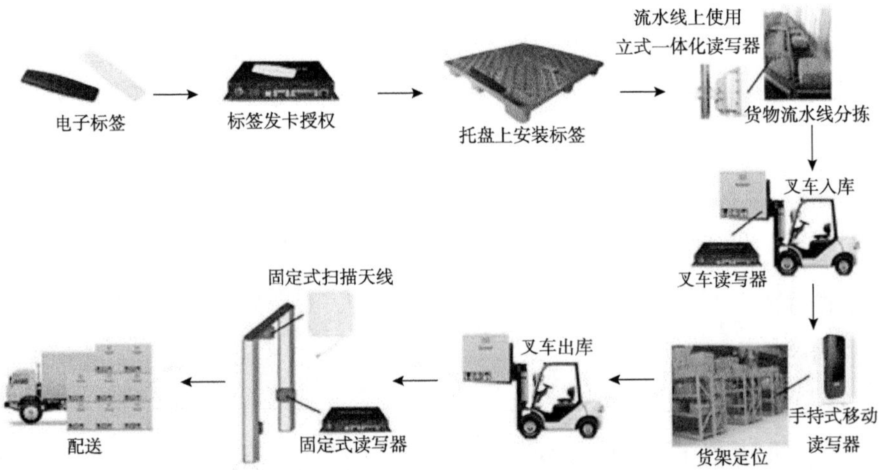

图 7－3　RFID 技术在现代化仓储管理中应用

资料来源：麦肯思。

（4）EDI 技术。

EDI（Electronic Data Interchange，电子数据交换）是一种信息管理或处理的有效手段，它是对供应链上的信息流进行运作的有效方法。零售业、制造业和配送也是 EDI 技术的最大获益者，在这些行业中的供应链应用 EDI 技术，实现了传输发票、订单过程中配送效率的提高。

中国 EDI 的应用尚处于起步阶段，同国外相比还有很大差距，为保持和增强中国在国际市场上的贸易竞争能力，促进中国供应链管理的不断发展，我们必须迎头赶上世界电子信息产业发展的潮流，不失时机地大力发展 EDI 技术。

互联网对传统行业的改造正从销售渠道延伸到产品层面，从线上延伸到线下，信息化、大数据、自动识别技术必将迎来应用的新浪潮。

3. 自动识别技术的典型应用

（1）生产线中的应用。

商品在生产线中的运行情况是需要及时反映的，若以手工记载则会因为人为不确定因素导致工作效率低下。自动识别技术的应用使得产品的生产过程在识别码的监控下进行，计划生产和监控有序进行，并提高产品质量的合格率。

（2）产品进货物流中的应用。

为了满足消费者的需求，产品必须在空间上从生产地到消费场所进行转换，也就是产品的流转环节。产品在流转过程中使用数据采集器收集产品的信息，包括产品的品种和数量，因此每个产品都有唯一的标识。进而当产品入库时读取标签就能够完成商品的交接入库，与此同时在数据库中保存商品的存储信息便于库存物流管理。

（3）库存管理中的应用。

传统的仓储系统的管理工作大多采用人力进行。常采用手工书写票据的方式来记录货物的进出，无法保证记录的精确性。而采用自动识别技术后经过计算机的信息处理，准确记录了商品的库存信息，减轻了烦琐的人工操作。货物的移位通过条码识读使库房的信息能够及时更新，提高库存工作的效率以及准确性，降低库存成本，快速响应市场。

（4）运输物流中的应用。

现代经济的发展需求导致大批量货物需要及时准确地分拣、装运。货物预先贴上条形码或加载电子标签后利用扫描器取读，不同物品就能够准确地自动分拣到特定的运输工具上。

7.1.2 车辆定位技术

1. 概述

车辆定位及货物追踪系统面向中小物流企业提供对其自有车辆监控调度、

货运管理，面向中小物流企业和货主提供货物跟踪支持功能，各企业只需使用 GPS/GSM（全球移动通信系统）智能车载单元即可为客户提供高质量的物流状态跟踪服务。车辆定位及货物追踪系统功能框架如图 7－4 所示。

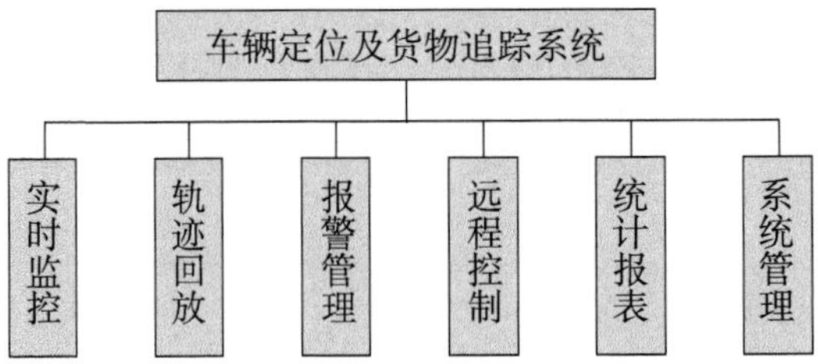

图 7－4　车辆定位及货物追踪系统功能框架

2. 车辆定位系统典型功能及应用

（1）实时监控。

车辆实时监控：车辆实时监控功能主要面向物流企业和政府部门，用户通过实时监控功能可以掌握车辆的位置信息、车辆状态信息等。车辆实时监控功能可以有效地使运输企业监督驾驶员的驾驶行为，了解下属车辆的运行信息，同时为政府部门在处理突发紧急事件时的指挥工作提供依据。

货物跟踪监控：货物实时监控功能主要面向货源单位和物流企业。用户通过实时监控功能可以掌握货物的位置信息、货物状态信息等，从而为了解货物位置、货物状态、监督运输过程、制定生产决策等提供帮助。

（2）轨迹回放。

轨迹回放功能主要面向物流企业和货主，用户通过轨迹回放可以了解车辆/货物历史的行驶情况，便于运输企业查看、监督下属车辆和驾驶员的工作情况，便于货源单位了解货物运输情况，监督运输企业运输过程。回放前用户可以自定义回放的电子地图，回放过程中用户可以自行调节回放速度，同时系统在明显信息中详细显示每点轨迹信息。

（3）报警管理。

报警管理功能主要面向车主、运输企业，在报警管理功能模块用户可以设定各种发出警报条件，如盗车报警、断电报警、越界报警、超速报警、温度报警等，当车辆状态超出设定范围时系统自动向用户发送警报信息，如车辆位置、报警原因等，以便用户更快掌握车辆和货物当前信息，对突发状况尽快提出解决方案。

（4）远程控制。

远程控制功能主要面向物流企业，为物流企业提供对车机呼叫、车机回复参数设计、车机限拨号码限制、遥控车辆熄火、监听车内状况等功能，以便运输企业能及时了解车辆状况、控制调度车辆行程、处理突发事件等。

（5）统计报表。

统计报表功能主要面向物流企业和政府部门，为用户提供车辆情况统计报表、驾驶情况统计报表、警情信息统计报表等服务。帮助企业掌握下属车辆、司机的工作信息，对制订企业工作计划、监督司机工作行为等起到参考作用。政府部门通过统计报表可以了解企业的生产行为，加强对企业的监管。

车辆定位流程如图 7－5 所示。

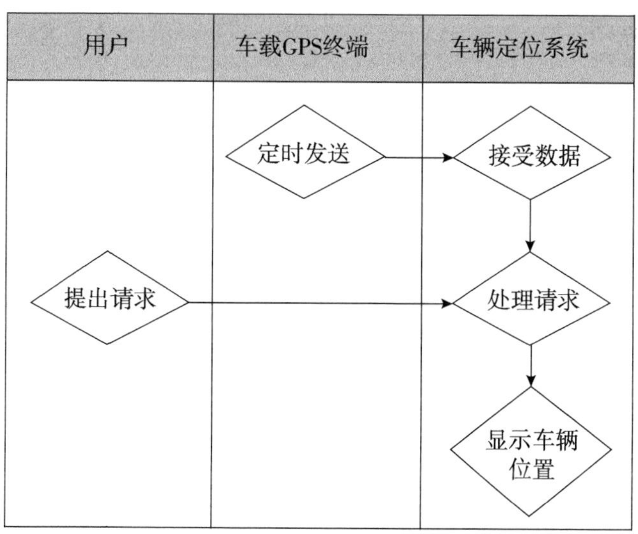

图 7－5　车辆定位流程

3. 车辆定位系统工作流程

（1）车辆监控流程。

物流企业登录查询系统界面，通过操作 GIS（地理信息系统）功能实现对车辆的定位。

单目标跟踪：用户可以根据情况选择实时单独跟踪指定车辆，在跟踪车辆窗口，会显示车辆实时运行的轨迹，以及当前的经纬度、速度、方向、时间、在状态栏显示车辆当前状态信息、车载设备状态信息、司机驾驶情况信息、交接班数据、工作日记等。

自定义监控车辆：用户可以通过此模块对当前用户下面的车辆有选择性进行实时监控，可以在同一个监控窗口中同时监控多台车辆，也可在多目标监控状态下，指定一个目标为锁定跟踪目标。

显示目标轨迹：目标运动的轨迹可以点或者连线的形式显示出来。轨迹点和轨迹连线的属性（宽度、颜色）可以设置。

查看自定义线路节点：显示用户所有自定义的节点，并可以进行修改维护。

查看自定义区域：显示用户所有自定义的区域，并可以进行修改维护。

车辆状态监控：对机车柴油机、发电机、电动机、辅助系统、空调系统、电力系统、车门系统等进行安全监控。

区域监控：通过此功能可以监控当前选择区域。目标运动到该区域进行显示；一旦目标离开此区域则不予显示。

（2）货物跟踪监控。

货主登录查询页面，输入货单编号实现对货物的位置追踪和查询。

货物信息录入：运输会员企业录入货物信息

选择运输车辆：运输会员企业针对货物信息选择运输车辆。

货物跟踪：用户可以根据情况选择实时单独跟踪指定货物，在跟踪货物窗口，会显示货物实时运行的轨迹，及当前的经纬度、速度、方向、时间、货物状态信息、货物相关日志信息等。

自定义监控货物：用户可以通过此模块对当前货主的货物有选择性进行实时监控。

查看自定义线路节点：显示用户所有自定义的节点，并可以进行修改维护。

查看自定义区域：显示用户所有自定义的区域，并可以进行修改维护。

区域找货：通过此功能可以显示该指定区域内所有货物。

7.2 大数据技术

在这里，我们选取数据挖掘技术和数据仓库技术来介绍目前大数据技术在智慧物流方面的应用。

7.2.1 数据挖掘技术

1. 概述

随着物联网、移动互联网的迅猛发展，数据呈指数形式增加，当今时代已处于信息数据过载的海量数据时代，这对数据挖掘系统带来了难题。

而云计算可以使分布在大量不同计算机的数据集中在统一的云端，便于各种应用系统的数据获取。云计算因为具有可弹性变化的计算能力和海量的存储能力成为解决海量数据挖掘的有效方式。

数据挖掘也称数据库中的知识发现过程，是指在大量不完全的、随机的、模糊的、有噪声的数据中发现具有潜在实用价值或者新颖、有效的信息表示为模式、概念、规律、规则等形式的过程。数据挖掘的目标是找出事先不知道的数据关系，尤其是来源于不同数据库的数据之间的关系。

2. 技术特点分析

一是因为要从海量的数据中挖掘出信息需要大规模的数据挖掘，而且挖掘的任务比搜索的任务更加复杂，更需要良好的应用环境和开发环境，考虑到这些因素，基于云计算的方法更合适。二是基于云计算的数据挖掘隐蔽了底层，开发更方便，用户不用考虑数据划分、计算调度任务和计算分配等问题。三是云计算提高了大规模数据处理速度和能力。四是数据处理成本降低了，也不再需要高性能机器。

云计算还处于初级阶段，发展还不成熟，还存在一些问题和挑战。主要包括：①算法选择问题。关键问题就是要选择合适的算法和并行策略来进行数据处理。②软件及服务的可信度。云环境下要突出考虑的就是隐私安全问题。③有太多不确定性。不确定的方面有数据挖掘任务的描述、数据挖掘的方法和结果、挖掘结果的评价等。

3. 数据挖掘技术功能及应用

基于云计算的数据挖掘要进行数据预处理、数据挖掘、结果模式评价，这与传统数据挖掘过程一样。但是在数据的处理和存储方式上会不同，这是因为云计算中的数据格式与传统的不一致，它们大多来自于点击流。

（1）数据收集处理。

在进行数据收集和处理时，第一步要应用决策树判别出是机器人访问数据还是用户访问数据，第二步要把海量数据过滤、转换、清洗、整合，变成半结构化的文件保存。现在流行的是用一个模式收集数据，但不足的是开发工具还不完善。今后结合分形维数和其他技术方法是新的发展方向。

（2）数据存储。

云计算系统运用最广泛的数据存储方式是分布式存储策略，同一个数据存储为多个副本，这保证了数据的可靠性。同时系统还要有错误隔离、心跳检测等措施。

7.2.2 数据仓库技术

1. 概述

数据仓库出现在 20 世纪 80 年代中期，它是一个面向主题的、集成的、非易失的、时变的数据集合，数据仓库的目标是把来源不同的、结构相异的数据经加工后在数据仓库中存储、提取和维护，它支持全面的、大量的复杂数据的分析处理和高层次的决策支持。数据仓库使用户拥有任意提取数据的自由，而不干扰业务数据库的正常运行。

2. 数据仓库技术特征

（1）面向主题性。

主题是一个抽象的概念，一般来讲，应该是指企业决策层所关心的较宏观分析对象，根据这一主题要求对相关数据进行综合、归类。与其相对的，是面向应用的数据组织方式，也就是说，这种对分析对象数据的描述，是按照主题进行数据组织的，具有更高的数据抽象级别。

（2）集成性。

集成性首先意味着源数据分散存在于原有数据库中不同的地方，而且来源于不同系统的数据都有各自不同的应用逻辑。其次，是指数据在进入数据仓库前要经过统一整理，这一过程是一个复杂的处理过程，要遵从于统一的主题要求。综合地讲，数据仓库的集成性就是指运用数据仓库技术，将不能从原有数据库系统直接得到的数据从中抽取出来，经过一定程式的处理进入数据仓库后再根据主题要求进行综合。

（3）不可更新性。

数据仓库的数据的是一定时间下数据的集合，是不同时点的数据汇集。这些数据区别于联机处理的数据。数据仓库的数据一般用来处理企业决策分析，据此数据的主要操作是数据查询。大量的经过加工后的数据经过集成进入数据仓库中，数据仓库的数据不断累积，但数据仓库管理系统比一般的数据库管理系统反而要简单一些。数据库管理系统由于考虑到数据的各种处理，必须建立各种及相关方法和技术来保证数据处理的正确和高效，如完整性保护、并发控制等，这些都是在数据仓库中没有必要进行的。另外，数据仓库的查询数据量很大，要求数据仓库采用各种复杂的索引技术而且数据仓库多数是直接面向终端用户的，有的甚至允许终端用户直接调用数据库处理命令进行数据的处理加工，这样数据的操作查询界面必须考虑用户的体验，这一点是数据库系统所不必理会的，因为一般的数据库系统通常直接面对专业的编程技术人员。

（4）随时间变化。

数据仓库的数据是随着时间而不断累积的。首先，随时间变化不断增加新的数据内容，数据仓库不断收集整理数据库中的数据并归集到数据仓库中去，对于确实不再变化的数据，不需要处理，即使对于业务逻辑需要更改的数据，也只是采用添加的方式增加进去，而不会对原有的数据库快照进行修改。其次，由于容量的限制需要删去旧的数据内容。最后，随时间变化不断进行重新综合。

3. 数据仓库技术功能

数据仓库技术是适应数据处理需求而发展的新技术，它用新的方法将不同格式、不同部门和不同平台的数据进行及时的集成，当不同的软件信息系统的数据发生变化时，它也会随着更新。数据仓库处理的主要对象是大量集成的、稳定的和随时间变化的数据，通过处理为决策支持系统提供更为有效的数据。

这些数据不是大量数据结果的堆积，而是按决策主题重新组织的，通过对大量分散数据进行抽取、转换、集成和综合管理，为决策分析提供统一、高效、高质的数据平台。数据仓库的数据主要来源于现有的多个同构或异构的数据库，集成后又按照主题进行重组。数据仓库的结构框架通常可分为数据源、数据集市、OLAP（联机分析处理）服务器、工具等部分。

7.3 自动化技术

1. 概述

目前，中国国内自动化程度更是与国际领先国家存在巨大差距。自 1980

年中国第一座自行研制的自动化立体仓库投入使用以来，自动化立体仓库得到了迅速的发展，其在烟草行业、医药行业、机器制造业、电器制造业、航空港、轻工业、商储业、军需等部门得到了普遍应用。近年来，随着现代物流的快速发展，物流自动化和信息化程度不断提高，以及现代信息技术、物联网等技术的不断进步，自动化立体库实现了井喷式的发展，成为现代物流系统的重要组成部分。

全球范围内，物流仓储自动化最为发达的市场还主要集中在欧洲、日本和美国等发达国家，发达国家仓储自动化的普及率高达80%左右，而中国仅为约20%。国际先进的物流系统技术与设备采用了最新的红外、激光、无线、编码、认址、识别、调速、定位、PLC（可编程逻辑控制器）、现场总线、无接触式供电、光纤、数据库等光、机、电、信息新技术，提高了设备运行速度和定位精度。随着技术能力的不断提升，自动化技术被广泛应用在各行业的流通与仓储系统中，尤其近年来电子商务和快速物流方式的崛起带动了自动化物流仓储市场的蓬勃发展，最为典型的应用为亚马逊的全自动化仓库和Kiva机器人，其次还有Fetch和Freight机器人等。

2. 自动化技术典型产品：以智能机器人为例

（1）Kiva机器人。

2012年亚马逊以6.78亿美元买下自动化物流提供商Kiva的机器人仓储业务后，利用机器人来处理仓库的货物盘点以及配货等工作。目前亚马逊的几十个仓库里，有超过15000个Kiva机器人在辛勤工作。亚马逊因此也成为全球最高效的仓库，所有员工只需要在固定的位置进行盘点或配货，而Kiva机器人则负责将货物（连同货架）搬到员工面前。Kiva机器人如图7－6所示。

（2）Fetch和Freight机器人。

Fetch和Freight是硅谷机器人公司Fetch Robotics的仓储机器人。Fetch机器人相当于Kiva的升级版，Fetch机器人具备自动导航功能，可以在货架间移动，识别产品并将其取下货架并运送到叫Freight的自动驾驶机器人里，

图 7－6　Kiva 机器人

资料来源：机器人网。

Freight 机器人的作用则与亚马逊的 Kiva 机器人相当。机器人可以自助规划路线和充电，从而保证整个仓储系统的无缝运行。Fetch 和 Freight 机器人如图 7－7所示。

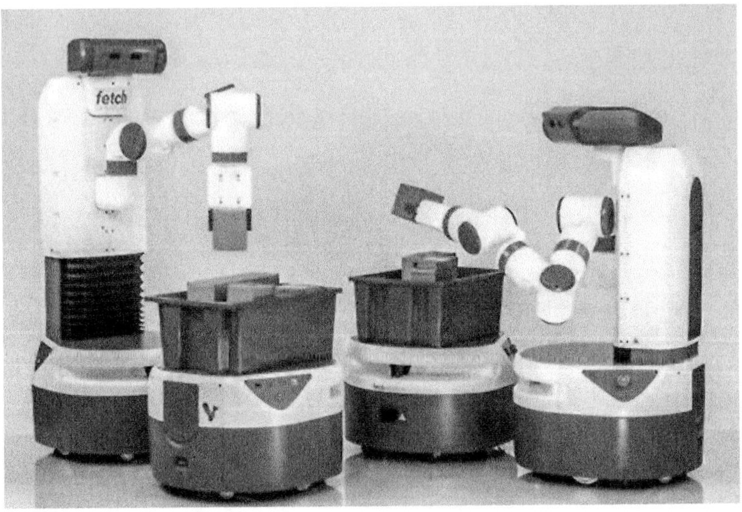

图 7－7　Fetch 和 Freight 机器人

资料来源：AGV 之家。

（3）Transwheel 机器人。

以色列申卡尔工程与设计学院的设计师设计出一款名为 Transwheel 的机器人。采用自平衡系统，当机器人手臂载货时能脚踩单轮保持直立行驶，单个机器人可运送小包裹，而若干机器人组合协作可运送大包裹。此外该机器人可使用 GPS 系统进行导航，能通过面部识别软件确认接收者的身份；对于较大的物品，机器人也可以共同分担负载。同时其还具备智能取件的功能。它的设计者声称这种快递机器人甚至可以替代大型运输车辆，缓解交通拥堵。但也许更有用的是，采用这种机器人可避免在工作时间进行发货。Transwheel 机器人如图 7－8 所示。

图 7－8　Transwheel 机器人

资料来源：中国日报中文网。

（4）盒子机器人。

Starship 公司推出了一种专门用来小件货物配送的“盒子机器人”。之所以这么称呼，是因为它的外形像极了一个配有六个轮子的储物盒，它最重可承载 20 磅（约合 9kg）的货物，最远可达到物流中心方圆 1 英里（约合 1.6km）多的范围。由于其硬件上配置了一系列摄像头和传感器，能够保障其安全行走在人行道上，在指定时间从物流中心出发，穿越大街小巷，来到顾客家门口完成快递任务。在配送过程中，所携带的包裹都是被严密封锁，接收者只有通过其智能手机才能打开。Starship 表示，这台联网机器人最多可运送两袋食杂货物，能够处理 95% 的包裹。它的成本比人力快递便宜 5～15 倍，目前的平均快递费为每趟 5～15 美元，Starship 称未来可以削减至 1 美元。

（5）Bulter 机器人。

Bulter 机器人相当于一个方形版本的 Kiva 机器人，由总部位于印度古尔冈和新加坡的机器人公司 Gray Orange 制造。这家创业公司于2009 年建立，当时是希望做一些和教育培训相关的机器人，后来它演变成一个工业机器人制造公司。目前主要致力于在零售、物流以及仓库机器人领域构建业务。

（6）自动导引运输车（AGV）。

自动导引运输车分为 RGV（有轨制导车辆）和无轨 AGV，无轨还能分为有无地标（地标还分磁导或条码），或采用三维坐标定位（类似无人汽车的研发）。这类小车属于目前主流研究方向。使用环境也是跟搬送机器人类似。国内现在汽车制造商和烟草配送商在大量使用 AGV 小车，作用也是提高效率，降低作业强度，降低成本。

自动导引运输车结构如图 7 –9 所示。

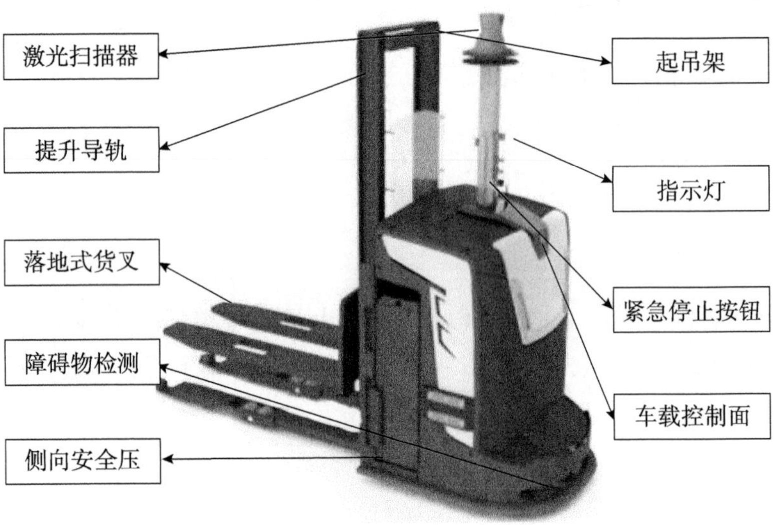

图 7 –9　自动导引运输车结构

（7）Click&Pick 系统。

Swisslog 是一家总部位于瑞士的自动化仓库和配送物流解决方案提供商，其背后由工业机器人企业 KUKA 支持（其持有 Swisslog 的 96% 以上股份）。与货架式存储不同，Swisslog 的 Click&Pick 系统采用的是一种三维的立方体网格架系统，每个立方体内有一个标准尺寸的箱子装着特定货物，如果装着所需货物的箱子埋在别的箱子下面，机器人会把上面的箱子拿起来堆在旁边，拿到货物后再放好。据 Sisslog 称，Click&Pick 1 小时能处理 1000 张订单，速度是人类作业的 4 ~5 倍。

（8）日立 HITACHI 机器人。

日立公司推出了一款机器人，该机器人可以拿起大约 1kg 重的商品，能够代替一部分企业中那些重复性的工作，如从仓库中的货架上找物品。这些机器人也可以应用于固定在工厂的地面上的工作，如丰田汽车生产线上的工业机器人。日立 HITACHI 机器人如图 7 –10 所示。

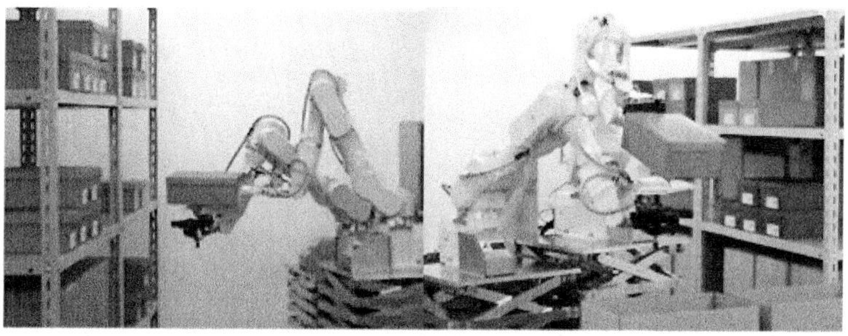

图 7 –10　日立 HITACHI 机器人

资料来源：天极科普频道。

虽然近年来国内机器人得到了快速的发展，但离欧美等国仍然有不小的差距。不过，随着《中国制造 2025》的推进，尤其是国内电子商务的发展，在物流环节中引入机器人是必然的趋势。值得一提的是国内已有部分领先企业开始在仓储领域开展机器人作业。

（9）机器人“曹操”。

天猫超市的“曹操”机器人是一部可承重 50kg，速度达到 2m/s 的智能机器人，造价高达上百万元，所用的系统都是由阿里巴巴自主研发的。“曹操”接到订单后，它可以迅速定位出商品在仓库分布的位置，并且规划最优拣货路径，拣完货后会自动把货物送到打包台。在“曹操”和小伙伴们的共同努力下，天猫超市在北京地区已经可以实现当日达。

7.4 人工智能技术

1. 概述

人工智能技术是指探索研究机器模拟人类智能的途径，使人类的智能得到延伸的一种技术，其运用于智慧物流的主要功能是智能决策。决策本是人类特有的一种高级思维技能，但人工智能技术在物流中的运用使得物流系统自身具有决策功能。如决策支持系统（DSS）提供给决策者需要分析的问题，帮助决策者建立分析模型、模拟决策环境、提供可行的决策方案等，辅助决策者提高决策质量，完成决策工作。除此之外，有些系统甚至可以独立完成决策功能，并且具有相当高的决策能力。如专家系统（ES）以互联网为介质，涵盖了某个领域无数专家的知识经验，可以自主根据相关知识进行推理、判断和匹配择出最优方案，模拟人类完成高质量决策活动，是人工智能技术成功运用的典范。相比于人工决策，速度快是智慧物流系统决策最大的优点，但同时其具有一定的局限性，如应变性差、决策可行性不稳定，有时需要人工辅助决策等。然而，不可否认，人工智能技术决策的高效性足以弥补它的不足，从物流的配送、调度优化、交通路线选择、数据挖掘和预测评估等发面，其高效的决策调度能力让繁杂的物流工作变得容易，这是人工决策无法企及的。相信人工智能技术在未来的物流行业中会得到广泛的运用，帮助智慧物流实现新的跨越。

2. 人工智能特征

人工智能就是探索研究用各种机器模拟人类智能的途径，使人类的智能得以物化与延伸的一门学科。它借鉴仿生学思想，用数学语言抽象描述知识，用以模仿生物体系和人类的智能机制，目前主要的方法有神经网络、进化计算和粒度计算三种。

（1）神经网络。

神经网络是在生物神经网络研究的基础上模拟人类的形象直觉思维，根据生物神经元和神经网络的特点，通过简化、归纳，提炼总结出来的一类并行处理网络。神经网络的主要功能主要有联想记忆、分类聚类和优化计算等。虽然神经网络具有结构复杂、可解释性差、训练时间长等缺点，但由于其对噪声数据的高承受能力和低错误率的优点，以及各种网络训练算法如网络剪枝算法和规则提取算法的不断提出与完善，使得神经网络在数据挖掘中的应用越来越为广大使用者所青睐。

（2）进化计算。

进化计算是模拟生物进化理论而发展起来的一种通用的问题求解的方法。因为它来源于自然界的生物进化，所以它具有自然界生物所共有的极强的适应性特点，这使得它能够解决那些难以用传统方法来解决的复杂问题。它采用了多点并行搜索的方式，通过选择、交叉和变异等进化操作，反复迭代，在个体的适应度值的指导下，使得每代进化的结果都优于上一代，如此逐代进化，直至产生全局最优解或全局近优解。其中最具代表性的就是遗传算法，它是基于自然界的生物遗传进化机理而演化出来的一种自适应优化算法。

（3）粒度计算。

早在 1990 年，中国著名学者张钹和张铃在文献中就进行了关于粒度问题的讨论，并指出“人类智能的一个公认的特点，就是人们能从极不相同的粒度上观察和分析同一问题。人们不仅能在不同粒度的世界上进行问题的求解，而且能够很快地从一个粒度世界跳到另一个粒度世界，往返自如，毫无困难。这种处理不同粒度世界的能力，正是人类问题求解的强有力的表现”。

3. 人工智能典型功能及应用

随着 Google（谷歌）、Microsoft（微软）和 Facebook（脸书）等巨头的大力投入，深度学习正在超越机器学习，人工智能来势凶猛。神经网络辅助决策、LSTMs（长短期记忆网络）、注意力模型等将塑造人工智能未来的技术格局。

（1）神经网络辅助决策。

感知和翻译等大多数神经网络的架构正变得越来越复杂，远非此前简单的前馈神经网络或卷积神经网络所能比。特别需要注意的是，神经网络正与不同的技术（如 LSTMs、卷积、自定义目标函数等）相混合。

神经网络是多数深度学习项目的根基。深度学习基于人脑结构，一层层互相连接的人工模拟神经元模仿大脑的行为，处理视觉和语言等复杂问题。这些人工神经网络可以收集信息，也可以对其做出反应。它们能对事物的外形和声音做出解释，还可以自行学习与工作。

随着计算能力的提升和算法的改进，神经网络和深度学习已经成为人工智能领域最具吸引力的流派。这些神经网络还在变得更复杂，当年“谷歌大脑”团队最开始尝试“无监督学习”时，就动用了 1.6 万多台微处理器。

（2）LSTMs。

传统神经网络无法解决连续性的思想，而递归神经网络（RNN，Recurrent Neural Networks）能够解决这一问题。

RNN 拥有循环结构，可以持续保存信息。近年来，RNN 在语音识别和翻译等许多问题上取得了难以置信的成功，而成功的关键在于一种特殊的 RNN——长短期记忆网络（LSTMs，Long - Short Term Memory）。普通的 RNN 可以学会预测“The clouds are in the sky”中最后一个单词，但难以学会预测“Igrew up in France…I speak fluent French.”中最后一个词。相关信息（clouds、France）和预测位置（sky、French）的间隔越大，神经网络就越加难以学习连接信息。这被称为是“长期依赖关系”问题。

LSTMs 被明确设计成能克服之一问题。LSTMs 有四层神经网络层，它们以特殊的方式相互作用。这使得“能记住信息很长一段时间”可以被视作 LSTMs 的“固有行为”，它们不需要额外学习这一点。对于大多数任务，LSTMs 已经取得了非常好的效果。

（3）注意力模型（Attention Models）。

“注意力”是指神经网络在执行任务时知道把焦点放在何处。可以让神经网络在每一步都从更大的信息集中挑选信息作为输入。例如，当神经网络为一张图片生成标题时，它可以挑选图像的关键部分作为输入。

（4）神经图灵机。

神经图灵机（Neural Turing Machine）就是研究者们在硅片中重现人类大脑短期记忆的尝试。它的背后是一种特殊类型的神经网络，它们可以适应与外部存储器共同工作，这使得神经网络可以存储记忆，还能在此后检索记忆并执行一些有逻辑性的任务。所有的神经图灵机都过于复杂，并且只能解决一些“小玩具”问题。在未来它们或将得到极大改进。

（5）深度学习。

卷积神经网络（Convolutional Neural Network，CNN）最早出现在计算机视觉中，但现在许多自然语言处理（Natural Language Processing，NLP）系统也会使用。LSTMs 与递归神经网络深度学习最早出现在 NLP 中，但现在也被纳入计算机视觉神经网络。此外，计算机视觉与 NLP 的交汇仍然拥有无限前景。想象一下程序为其他语种剧集自动嵌入中文字幕的场景吧。

（6）神经网络模型压缩的惊人成果。

这些技术潜在的应用前景广阔，可能将会适应在移动设备上进行复杂模型的训练。例如，不需要延迟就可以得到语音识别结果。此外，如果运算所需要的空间和时间极大降低，我们就可以极高帧率（如 30FPS）查询一个模型，这样，在移动设备上也可以运用复杂神经网络模型，从而近乎实时地完成计算机视觉任务。

（7）深度学习和强化学习继续交汇。

在“端对端”（end - to - end）机器人等领域出现了令人激动的进展，现在机器人已经可以一起运用深度和强化学习，从而将原始感官数据直接转化为实际动作驱动。我们正在超越“分类”等简单工作，尝试将“计划”与“行动”纳入方程。还有大量工作需要完成，但早期的工作已经使人感到兴奋。

7.5 “互联网+”技术

1. 概述

“互联网+物流”并不是“互联网”与“物流”简单的两者相加，而是利用信息通信技术以及互联网平台，让互联网与物流行业进行深度融合，创造新的发展生态。它代表一种新的社会形态，即充分发挥互联网在物流中的优化和集成作用，将互联网的创新成果深度融合于物流与供应链体系之中，提升全社会的创新力和生产力，形成更广泛的以互联网为基础设施和实现工具的经济发展新形态。

2. 主要特征

“互联网+”物流与传统物流相比主要区别在于物流对于网络平台的应用。目前，“互联网+”物流领域主要有“线上+线下”物流信息平台和纯线上物流信息平台两大类，这两类平台模式下也有具体细分的推广模式。

（1）“线上+线下”物流信息平台。

该类平台以传化公路物流港、天地汇、交运集团物流网络和智慧云物流平台为代表，由于此类物流信息平台是在传统货运市场的基础上演变成，故而是“互联网+物流”行业发展的中坚力量，特别是具有全国仓储、运输、货场资源网络网点的物流信息平台将引领物流信息化的发展。

（2）纯线上物流信息平台模式。

目前国内最多的物流信息平台是纯线上物流信息平台，有针对仓储、运输、配送、货代等物流细分领域，也有针对局部物流客户、固定物流企业群体的物流信息平台，也有简单的 PC 网站、客户端或者手机 App 物流信息软件，这种轻资产模式多由有互联网思维的物流企业、软件企业研发创建。

3. 典型应用：车货匹配 App

随着移动互联网广泛应用，各种车货匹配的货运 App 层出不穷，所谓车货匹配 App 只是一个信息终端，是车货匹配的外在表现形式，背后支撑它的是线下的资源整合和服务能力。这些货运 App 的运营的思路大致分为以下三类。

（1）以“运力池”为切入点做车货匹配。

在全国范围内布局，建立服务节点，整合当地运力资源，建立可控的运力资源网络，做成一个“运力池”，以此为基础提供车货匹配业务。这种模式思路的核心是整合车辆资源，形成可控的巨大运力池，保证车货匹配平台上的车源信息的真实有效和统一服务规则，以此为基础进行车货匹配。

（2）以国内优质的第三方物流企业主导而生的车货匹配平台。

以大型 3PL（第三方物流）的品牌、资源为支撑，以多年的线下物流服务经验为基础，以雄厚的资金和风险管控为保障，依靠专业的营销团队和渠道，用互联网思维改造目前自身相对封闭的信息系统，打造出优质的车货信息匹配平台。

这种模式本质上讲属于车货匹配 App 的特定应用范围。思路是以大型 3PL 为核心，辐射合作过可调动的优质车源（相当于扩充了大型 3PL 的货运网络覆盖范围），以自身营销开发的优质发货企业为货源基础，实现车货匹配。

（3）以无车承运人模式做车货匹配平台。

通过超强的整合货源和车源的能力，打通线上线下，联结货主和运力，做无车承运人。这种模式以美国罗宾逊公司为代表，有成熟的模式。但是国内货运环境和国外的差异，也造成了无车承运人模式在国内复制的困难。主要体现在，罗宾逊公司销售人员占 50% 以上，强大的货源整合能力是核心。

通过以上三种类型可以看出，整合车源、整合货源，利用自身优势双管齐下，都对车、货资源介入较深，为信息的真实性和交易的安全性做保障。

7.6 区块链技术

1. 概述

区块链技术是一种不依赖第三方、通过自身分布式节点进行网络数据的存储、验证、传递和交流的一种技术方案。因此，有人从金融会计的角度，把区块链技术看作一种分布式开放性去中心化的大型网络记账薄，任何需要保存的信息，都可以写入区块链，也可以从里面读取。

通俗一点说，区块链技术就指一种全民参与记账的方式。所有的系统背后都有一个数据库，可以把数据库看成是一个大账本。那么谁来记这个账本就变得很重要。目前就是谁的系统谁来记账，微信的账本就是腾讯在记，淘宝的账本就是阿里巴巴在记。但在区块链系统中，系统中的每个人都可以有机会参与记账。在一定时间段内如果有任何数据变化，系统中每个人都可以来进行记账，系统会评判这段时间内记账最快最好的人，把他记录的内容写到账本，并将这段时间内账本内容发给系统内所有的其他人进行备份。这样系统中的每个人都了一本完整的账本。这种技术就称为区块链技术。

区块链技术被认为是互联网发明以来最具颠覆性的技术创新，它依靠密码学和数学巧妙的分布式算法，在无法建立信任关系的互联网上，无须借助任何第三方中心的介入就可以使参与者达成共识，以极低的成本解决了信任与价值的可靠传递难题。

区块链发展到现在总共经历了三个技术标准，第一代技术是比特币的技术标准，第二代是以太坊为代表的技术标准，第三代是以 EOS① 为代表的技术标准。当下，基于区块链技术的研发市面上有很多品种，还未有一个相对统一的技术标准。

为何区块链技术标准会经过三代更迭？主要因为区块链技术存在公平、效率与透明的“不可能三角”问题。第一代比特币技术是完全牺牲效率，为了追求公平和透明；第二代以太坊一定程度上解决了效率的问题，但是透明的问题模糊化了；第三代 EOS 则是模糊了公平，更加提升了效率。每一代的区块链更新都是在这三者之间寻找新的平衡点。基于最基本的理论，各个研究区块链的国家都在制定相应的技术标准，大家都希望能够解决或是更接近于解决这三者最优的平衡点。

---

① EOS，商用分布式应用设计的一款区块链操作系统。

2. 主要特征

从区块链的形成过程看，区块链技术具有以下特征。

一是去中心化。区块链技术不依赖额外的第三方管理机构或硬件设施，没有中心管制，除了自成一体的区块链本身，通过分布式核算和存储，各个节点实现了信息自我验证、传递和管理。去中心化是区块链最突出最本质的特征。

二是开放性。区块链技术基础是开源的，除了交易各方的私有信息被加密外，区块链的数据对所有人开放，任何人都可以通过公开的接口查询区块链数据和开发相关应用，因此整个系统信息高度透明。

三是独立性。基于协商一致的规范和协议（类似比特币采用的哈希算法等各种数学算法），整个区块链系统不依赖其他第三方，所有节点能够在系统内自动安全地验证、交换数据，不需要任何人为的干预。

四是安全性。只要不能掌控全部数据节点的51%，就无法肆意操控修改网络数据，这使区块链本身变得相对安全，避免了主观人为的数据变更。

五是匿名性。除非有法律规范要求，单从技术上来讲，各区块节点的身份信息不需要公开或验证，信息传递可以匿名进行。

3. 典型应用

（1）区块链在金融领域的应用。

区块链在国际汇兑、信用证、股权登记和证券交易所等金融领域有着潜在的巨大应用价值。

将区块链技术应用在金融行业中，可省去第三方中介环节，实现点对点的对接，从而在大大降低成本的同时，快速完成交易支付。

比如Visa推出基于区块链技术的Visa B2B Connect，它能为机构提供一种费用更低、更快速和安全的跨境支付方式来处理全球范围的企业对企业的交易。传统的跨境支付需要等3~5天，并为此支付1%~3%的交易费用。Visa还联合Coinbase推出了首张比特币借记卡，花旗银行则在区块链上测试运行加密货币“花旗币”。

又比如纳斯达克推出基于区块链的交易平台 Linq，Linq 的具体应用场景是非上市公司的股权管理和股权交易。

（2）区块链在物联网和物流领域的应用。

区块链在物联网和物流领域也可以天然结合。通过区块链可以降低物流成本，追溯物品的生产和运送过程，并且提高供应链管理的效率。该领域被认为是区块链一个很有前景的应用方向。

物流业供应链中涵盖了大量的货主企业、货运经纪人和货物的信息。依靠区块链技术，可以真实可靠地记录和传递各环节的资金流、物流、信息流，从而解决物流行业的信任问题。

（3）区块链在公共服务领域的应用。

区块链在公共管理、能源、交通等领域都与民众的生产生活息息相关，但是目前这些领域的中心化特质也带来了一些问题，可以用区块链来改造。

（4）区块链在数字版权领域的应用。

通过区块链技术，可以对作品进行鉴权，证明文字、视频、音频等作品的存在，保证权属的真实、唯一性。作品在区块链上被确权后，后续交易都会进行实时记录，实现数字版权全生命周期管理，也可作为司法取证中的技术性保障。

（5）区块链在预测市场和保险领域的应用。

在保险理赔方面，保险机构负责资金归集、投资、理赔，往往管理和运营成本较高。通过智能合约的应用，既无须投保人申请，也无须保险公司批准，只要触发理赔条件，就可实现保单自动理赔。

典型的应用案例是 LenderBot，是 2016 年由区块链企业 Stratumn、德勤与支付服务商 Lemonway 合作推出的一款产品，它允许人们通过 Facebook Messenger 的聊天功能，注册定制化的微保险产品，为个人之间交换的高价值物品进行投保，而区块链在贷款合同中代替了第三方角色。

（6）区块链在公益慈善上的应用。

区块链上存储的数据，高可靠且不可篡改，天然适合用在社会公益场景。

公益流程中的相关信息，如捐赠项目、募集明细、资金流向、受助人反馈等，均可以存放于区块链上，并且有条件地进行透明公开公示，方便社会监督。

8　智慧物流发展热点分析

8.1　智慧物流与供应链

供应链是围绕核心企业，通过对信息流、物流、资金流的控制，从原材料采购开始，到制成中间产品及最终产品，最后由销售网络把产品送到消费者手中的由供应商、制造商、分销商、零售商直到最终用户所连成的一个整体的网链结构。智慧物流是智慧供应链的重要一环，其以大数据及互联网为基石，可以实现对供应链物流的科学管理和精细化运营。智慧物流的发展已蔚然成风，而物流作为供应链的重要环节，未来智慧物流向智慧供应链的延伸也必然成为一大趋势。通过智慧物流的技术，对信息流、物流、资金流进行一体化运作，连接产业的上下游，实现供应链智能化管理。

8.1.1　智慧物流助推供应链升级

2017 年 8 月 17 日，阿里巴巴发布一季度财报，当季营收实现 56% 的增长，其中天猫作为核心电商业务，交易额增长达 49% 。智慧物流的投入为天猫带来供应链效率的大幅提升，在一定程度上助推了阿里业绩的增长。2017 年以来，天猫的物流服务全面发展，当日达、次日达、天猫超市一小时送达、盒马三十分钟送到家、两小时极速上门取退等一系列物流提速动作不断。物流效率的提升给天猫平台上的品牌商家带来了更高的用户忠诚度和全新的供应链模式。

智慧物流建设正处于加速期。物流互联网逐步形成，大量托盘、集装箱、仓库、货物等物流设施通过传感器接入互联网，超过 400 万辆重载货车安装了北斗定位装置。物流大数据也正成为现实，如菜鸟网络推出智能路由分单，实现包裹与网点的精准匹配，使得分拣效率提高 50% 以上。人工智能逐渐运用到物流领域之后，实现了智能配置物流资源、智能优化物流环节、智能提升物流效率。在无人驾驶、无人仓储、无人配送、物流机器人等前沿领域，国内一大批企业如菜鸟网络、京东、苏宁等已相继开展试验应用。物流效率的大幅提升极大地提高了电商企业的供应链效率。

智慧物流的发展不仅提高了供应链的效率，还能带来额外的附加值。智慧物流相关技术的发展为供应链的整合奠定了基础，将引领智慧供应链变革。互联网企业凭借靠近用户的优势，以智慧物流带动互联网深入供应链上下游，以用户需求倒逼供应链各环节加强联动和深度融合，助力协同共享的智慧供应链生态体系加快形成。如电商企业通过挖掘预测用户需求、消费习惯以及用户喜好，以此指导供应链上游的选品、制造、定价、库存以及下游的销售、促销、仓储、物流和配送，打造智慧高效供应链。

随着经济高速发展，各行各业竞争加剧。无论制造行业或者互联网电商企业都希望能进一步降低物流成本，这就要求企业必须从更高的层次和角度来对待物流问题，能够从具体的物流运输环节的管理逐步转变到对整个物流供应链的整合优化上来。

8.1.2 推进智慧供应链发展

目前，与某些发达国家相比，中国的企业供应链管理水平较低。很多企业生产品种、用户需求、原材料采购、生产量、库存量等都是依靠经验决策，容易导致供需错配、库存高起，从而导致资源浪费、成本增加。据有关统计，一条高效协同的供应链，上下游企业之间、企业和用户之间，通过分享信息、交换资源和生产调度，可以使运输成本降低 5% ~15%，库存减少 10% ~30%，现金循环周期缩短 20% 左右。而若把企业产品库存率降低 4 个百分点，当年即可减少 3.6 万亿元资金的占用。若把历年库存占当年 GDP 的比例降低 10 个百分点，则能盘活 7.4 万亿元的社会资源。显然，供应链的高效协同对降低实体经济成本和社会资源效益最大化成果显著。

面对愈演愈烈的国际产业竞争和中国制造转型升级的迫切需要，提升中国供应链管理水平已迫在眉睫。但目前企业对物流供应链应用的意识还不深入。对很多企业来说，供应链管理还是个新名词，实践应用程度不够高。信息化在消费端“风风火火”，在生产、运输环节还是“冷冷清清”。各生产企业之间缺少开放共享的信息化平台，都是“信息孤岛”、各自为政，物流供应链的主干没有打通。

党的十九大报告提出，在绿色低碳、共享经济、现代供应链、人力资本服务等领域培育新增长点、形成新动能。2017 年 8 月，国务院出台了《关于积极推进供应链创新与应用的指导意见》，对供应链创新发展做出了全面部署。

智慧物流通过大数据和物联网等手段将供应链上的各环节联结成一个整体，可以对各区域内物流相关信息进行采集与传递，为生产、销售企业及物流企业等的信息系统提供基础物流信息，实现供应链智慧化管理与协同。当前各行业中，物流企业贯穿供应链上下游，向供应链服务转型具有先天优势。应重点鼓励具有平台基础和信息化优势的物流企业加快延伸服务链条，提供供应链增值服务，率先向智慧供应链服务商转型。目前，部分物流企业已经开始布局供应链建设。百世集团提出用智慧供应链赋能新零售，通过智能供应链实现线上线下零售的无缝对接。将 30 多万家便利店的销售数据和供货商数据端进行连接，供货商可以及时掌握各地销售的一手信息，实现仓库布局优化，减少物流成本，提高效率，从而实现物流、商流、资金流和信息流“四流合一”的发展模式。还可以把商品数据交给工厂，优化订单生产环节，实现按需生产，提高产品质量。

实施智慧供应链管理是降本增效的最佳选择，物流业与实体产业的融合将从单纯以第三方物流替代自营物流、利用第三方资源整合的网络化优势优化原有物流，到第三方物流延伸拓展至整个供应链，实现物流成本达 10% ~ 20% 的节约。所以，推进智慧供应链管理是大势所趋，对提高中国制造业的成本、降低物流总成本至关重要。

8.2 智慧物流与大数据

智慧物流以信息技术为基础，在物流的运输、仓储、包装、装卸、配送、信息服务等环节不断提高智能化水平。在“互联网+”的发展环境下，智慧物流成为一致追求，大数据相关的技术就是智慧物流的基础。以大数据为基础的智慧物流，相比传统物流在效率、成本、安全和用户体验等方面将具有极大的优势，也将根本改变传统物流运行的模式，“双11”就是典型的案例。

8.2.1 大数据是构建智慧物流的基础

大数据时代的到来，使得云计算、大数据技术加速向物流业渗透，逐渐累积海量物流大数据，涉及运输、仓储、搬运装卸、包装及流通加工等物流关键环节中的数据信息。将物流供求双方、货物流通数据以及第三方物流公司的数据进行有效整合，就可以形成一个巨大的即时信息平台，从而实现快速、高效、经济的物流。此外，人与物流设备之间、设备与设备之间在大数据技术的支持下可以实现更为紧密的结合，最终形成一个功能强大的智慧物流系统，实现物流作业与物流管理的自动化与智能化。可以说，大数据技术是构建智慧物流的基础。通过大数据分析可以提高运输与配送效率、减少物流成本从而更有效地满足客户服务要求。

京东商城依托自建物流的优势快速崛起，目前已经成为自营B2C电商的领头羊。其整个物流系统日处理数量达到百万级，大促销期间甚至高达上千万，物流操作人员多达数十万，庞大的业务规模下，智慧化物流系统成为迫切需求。青龙系统作为支撑京东物流的核心，除了保证京东物流的准时高效，更保证了极高的用户体验，在京东的不断发展过程中，青龙系统从研发版本1.0到目前的6.0的演进过程中，以大数据处理为核心的系统始终是构建智慧物流的关键。从青龙系统看，每天处理亿级数据，具有海量信息的数据规模；支持快速的数据流转，实现了物流各个节点实时数据监控优化；系统处理多种多样的信息，包含了结构化和非结构化数据；数据拥有极大的价值，如能推动系统成本和效率优化1%，就可以节约上亿元成本。

8.2.2 大数据技术下智慧物流功能需求

（1）数据传输与共享。

大数据技术支持下的智慧物流，首先要解决的就是企业物流信息流畅通的问题，所以特别需要实现企业的供货方、采购方、物流企业和政府工商部门等的信息交换和共享，将他们的各类数据平台，如信息、商品发布及运输监控系统中的数据整合在一起。其中的最大的难题之一是要解决不同部门不同平台数据异构的问题。

（2）物流信息实时管理。

在卫星定位技术、大数据技术和物联网技术的支持下，智能运输调度、货物追踪以及物流安全监控功能将很容易实现：可借助物联网技术实时采集车辆和货物数据，然后经由互联网上传至智慧物流信息平台商，最后运用算法实现车辆的优化调度和货物自动跟踪处理；对货运车辆实时监听监控，可以使得被监控车辆的安全系数大幅度提高，全方位保障货物运输的安全性。

（3）数据收集与分析。

基于云平台的数据分析技术，可对实时收集的物流数据利用模糊分析、数理统计模型和数据挖掘技术，较为深入地挖掘有助于企业决策的信息，如可用于物流数据统计分析、最佳配送路径分析、物流经济发展趋势预测等。例如京东商城借助大数据技术，可以实时演示物流数据信息，及时地了解物流的运行状况，实时分析整个运输过程，及时预估和缩短企业的送货时间，合理建立可行的站点进行配送路程的最优化处理。

8.2.3 大数据在智慧物流中的应用

物流在线化产生大量业务数据，使得物流大数据从理念变为现实，数据驱动的商业模式推动产业智能化变革，大幅度提高生产效率。大数据在智慧物流上有多种应用场景，包括运力的个性化、精准化匹配、车队智能管理、高效协同的多式联运、支持区域经济决策等。比如，菜鸟推出智能路由分单，实现包裹跟网点的精准匹配，准确率可以达到98%以上，分拣效率提升50%以上，大大缓解了仓库爆仓压力。大数据技术通过对物流数据进行有效处理与分析，发掘对物流运营有价值的信息，从而支持科学合理地进行管理决策，是物流企业的普遍需求。其典型场景包括：

（1）数据共享。

实现物流基础数据互联互通，比如供应链上下游各方共享货物、车辆等基础数据，避免物流信息的重复采集，消除物流企业的信息孤岛，提升物流服务水平和效率。

（2）销售预测。

收集商家历史销售、用户消费特点等海量数据，借助大数据预测分析模型，对订单、促销、清仓等多种场景下的销量进行精准预测，为仓库进行商品备货及运营策略制定提供科学依据。

（3）网络规划。

利用历史大数据、销量预测，构建成本、时效、覆盖范围等多维度的运筹模型，对仓储、运输、配送网络进行优化布局。

（4）库存部署。

在多级物流网络中科学部署库存，智能预测补货，实现库存协同，加快库存周转，提高现货率，提高整个供应链的效率。

（5）行业洞察。

利用大数据技术，挖掘分析电子、家电、服装等不同行业及其仓配、快递、城配等不同环节的物流运作特色及规律，总结最佳方案，为物流企业提供有价值的解决方案。

8.2.4 大数据技术在物流业的发展趋势

随着数据时代的到来，数据的价值逐渐凸显。新技术的出现，往往伴随着行业新革命，这是社会经济发展的必然。以大数据技术为基础，以云计算为平台，以物联网技术为纽带的多种新技术紧密联系，正在引领整个物流行业的深刻变化。这正是智慧物流时代发展所必需的，也是智慧物流时代发展的必然。智慧物流是未来物流的发展目标，物流行业如能利用好这些技术，将能真正从变革中受益。

总结起来，智慧物流将作为经济发展的新社会基础设施，一端连接着广大消费者，努力满足消费者多样化的需求，通过提供更好的消费体验，不断促进消费升级；另一端连接着供应商，使得物流发展不断向供应链深入。所以智慧物流的发展有着极其广阔的前景，相信未来将会有更多的大数据精彩应用。

8.3 智慧物流与协同创新

目前，传统物流行业中大量物流资源存在闲置。据调查，中国货车空驶率在30%以上，仓库空置率在15%左右。智慧物流贯彻协同共享理念，打破企业边界和信息不对称问题，实现对闲置资源的充分利用。比如，近年来涌现的一批车货匹配、仓货匹配的互联网平台，实现了供需双方的在线对接和闲置资源的实时共享，有效降低了社会物流成本，从根本上改变了传统物流的交付方式。

智慧物流基于海量精准的数据、智能技术的融合及全面开放的生态，来构建高效的物流环境与平台，实现开放创新、协同创新的智能物流新业态。智慧物流的核心是“协同共享”，这是现代智慧物流区别于传统物流，并爆发出无穷创新活力的关键之处。协同共享理念克服了传统物流在各个环节脱节不协调的问题，通过整合市场需求、资源供给、仓储、运输、配送及信息传递，联系供应链上下游，打破了传统物流企业边界，深化物流各部分的分工协作，实现了物流效率和物流成本的最优化。例如，菜鸟驿站整合高校、社区、便利店、物业等社会资源，有效解决末端配送的效率和成本问题。

8.3.1 物流信息共享助力协同创新

智慧物流信息平台通过汇集全社会各处物流信息，为建设物流协同服务奠定信息化基础。可以从以下四个方面进行有机整合：

（1）整合政府部门涉及的物流信息，提高政府全面监管能力。

公路、铁路、航空、水运、邮政、海关、检验检疫、食品药品、工商、税务、公安、商务等部门的物流信息资源都可以在智慧物流信息平台上加以整合并进行深度开发。

（2）整合重点物流行业。

公路、铁路、航空、水运、邮政等电子单证信息可以在智慧物流信息平台上有效地协同，将有助于综合运输体系建设和多种运输方式的一体化发展。

（3）整合物流全过程。

物流企业在智慧物流信息平台上展开基于供应链一体化的物流服务，对物流各环节进行紧密结合，对货物实现智能化管理，推动物流服务的智能化水平进一步提高。

（4）整合其他物流信息平台资源。

通过与其他物流信息平台形成联动网络，拓展物流信息网络的覆盖范围，促进专业化物流信息服务业的规模化发展。

通过物流信息平台在部门与企业之间建立规范、顺畅的信息互通和协同运作机制，打通政府部门、物流重点行业（航空、铁路、公路、邮政等）、物流企业之间的关系，做好信息沟通、集中管理及共享的组织与制度保障，逐步营造信息共享的良好环境。通过信息共享可以有效配置全社会运力，避免运力过剩而导致出现物流资源闲散浪费，实现运力与货源的有效对接，有效推进智慧物流生态圈，降低全社会物流成本。

8.3.2 “互联网+”高效物流助力协同创新

近年来，“互联网+”物流服务成为实现协同共享理念的典型场景。利用互联网思维和互联网技术，推动互联网与物流业深度融合，重塑产业发展方式和分工体系，为物流企业转型提供了方向指引。其典型场景包括：

（1）“互联网+”高效运输。

通过构建互联网平台，实现货运供需双方信息的在线匹配和实时共享，将分散的物流运输市场进行有效整合，改进运输的组织方式，从而大幅提升运输的运作效率。2014 年以来，中国货运市场上相继涌现了一批“互联网 +”物流的新模式，如“互联网 +”车货匹配、“互联网 +”甩挂运输、“互联网 +”专业物流等，涌现出了一批以运满满、货车帮、卡行天下为代表的典型企业。

（2）“互联网 +”智能仓储。

通过开发全自动仓储系统，利用智能仓储机器人，完成货物的上架、拣选、打包、贴标签等操作，大幅提高仓储管理的效率和水平。还可通过仓储信息的集成、挖掘、跟踪与共享，有效实现取货自动化、进出货无缝化和订单处理准确化，带动物流行业高端转型升级。目前，快递多采用“单点发全国”的模式，包裹平均运距大于 1000km（买家和卖家之间的干线运输距离）。智能分仓利用大数据技术预测未来销售情况，可以把货物预先安排到离消费者最近的仓库备货，从而大大缩短了运距。例如，菜鸟构建的全国智能骨干网络，可使绝大多数包裹的运距缩短至 500km 之内。菜鸟仓内实施仓配一体化，为商家提供仓储与配送的一条龙服务。物流订单生成后，货物可以从菜鸟仓内直接分拣、包装并交给合作企业配送，大大提高了物流链路的整体效率。

（3）“互联网 +”便捷配送。

通过互联网平台，搭建城市配送运力池，开展集中配送、智能配送、共同配送等先进模式，有效解决物流配送“最后一公里”的痛点。一批专注于城市配送的平台型物流企业，如日日顺、速派得、云鸟配送等，纷纷搭建城市货物运输平台，利用信息技术创新共同配送模式。美团、饿了么等企业的外卖即时配送模式，已成为城市配送的重要组成部分。

（4）“互联网 +”智能终端。

随着本地生活服务的需要，整合末端人力资源、服务网络和智能终端，实现资源的分布式布局和共享式利用，提升资源利用效率和用户服务体验。

8.3.3 企业战略联盟与跨界合作助力协同创新

2016 年 3 月，菜鸟联合多家快递企业成立“菜鸟联盟”，借助自身大数据领域的优势赋能合作伙伴，为消费者提供当日达、次日达等时效性高的快递服务，目前当日达、次日达服务已覆盖超过1000个区县；9月，菜鸟联合网商银行，正式上线物流供应链金融产品，实现从销售端到生产端的延伸。从物流业向金融业拓展，借助大数据算法可打通存货与销售的授信，从而真正实现全链路覆盖的金融解决方案。2016年4月，中国铁路总公司与海尔集团战略合作，双方约定开行海尔电器特需专列。在货运市场，加盟模式快速推进，德邦物流加盟事业部签约合伙人突破5000家，互联网平台型公司卡行天下加盟网点超过1万家。

物流行业应是一个充分共享的行业，一旦实现互联共通，可以使社会物流总成本大大降低。在当前技术和资本的双驱动下，产业间的协同共享更加紧密，智慧物流产业集群正在显现。比如海尔集团日日顺物流联合各平台企业及品牌企业，共同建立了智慧物流生态圈。日日顺物流经历了从企业物流、物流企业到平台企业的演变，顺应互联网时代开放、协作、共赢的思路，搭建了一个需求与资源自由对接的物流平台，得到客户和用户的广泛好评，吸引了天猫、京东等平台企业，小米、微鲸、联想等互联网电视品牌，美乐乐、芝华士、喜临门等家居类客户，以及小牛电动车，亿健、伊吉康、蓝堡等健身器械品牌。日日顺物流与2000多个品牌企业一起建立了行业最大规模的智慧物流生态圈。据了解，日日顺智慧物流生态圈的搭建与开放生态共创共赢的平台模式分不开。日日顺物流在全国拥有15个发运基地、103个TC（交易中心）库、6000个大件送装HUB（快速集中配送）库、共计500万m^2的多级智慧云仓。在强大基础设施网络基础上，日日顺物流开放平台，吸引了9万辆“车小微”、18万“服务兵”，为“最后一公里”送装服务提供支持，鼓励货运物流与商贸流通、厂矿、农业、邮政快递等不同行业、不同服务方式间的深层次融合发展，使流通、贸易与交通相互促进、协调发展。

面对新一轮技术革命，如何推动物流企业更好地拥抱互联网，持续构建智慧物流生态体系，形成“协同共享”的产业新生态，将会是智慧物流下一个新机遇。

8.4 智慧物流与运输组织

在成本和效率方面，智慧物流对作为重要环节的运输提出了更高的要求。为适应智慧物流的需要，必须进一步发展创新运输基础设施建设、运输组织管理模式、货运服务方式、企业组织形态和政府管理等。同时要加快转变物流服务与运输组织相分裂的传统思维，将运输组织管理深入物流各环节，进一步优化运输组织管理，不断创新运输组织方式，全面提升物流运输服务效率，助力智慧物流发展。

影响物流成本的关键性因素包括运输流程合理性、服务体系的便利性和有效性等。围绕这些决定性因素，就必须考虑基础设施的配置、运输方式的组合、流程节点的简化以及体制机制的灵活性、商业模式的支持度等，这实际上就是一个综合物流服务体系建立的过程。互联网时代下，物流行业与互联网的深度结合，改变了物流行业原有的业务流程与市场环境，推动产生了一批新的物流和业态模式，比如车货匹配、众包运力、多式联运等。新的运输模式正在加速形成，与之相适应的智慧物流也呈现出了快速增长的趋势。

8.4.1 运输组织改革制约因素

（1）运输产品。

物流运输在很大程度上是按照运输组织的自身情况来设计运输产品类型，很少考虑用户的要求和市场需求，缺少定制化产品设计的实践经历。

（2）运输组织效率。

物流运输环节繁杂，从受理、接货、装车、挂运、卸车、送达、交付等，无法实现全程无死角监管。另外，指挥调度体系的不完善，极大地影响了货物运输的时效性，降低了运输的效率。

（3）运力资源的配置。

中国还有部分区域运能较为紧张，货运装卸滞后，物流运输的装备在集装和机械化方面水平较低，导致物流功能不够完善。

（4）物流信息化建设。

现有的运输信息管理系统相对分散，没有统一的运输信息管理集成平台，相关数据信息无法实现广泛的互联和共享，致使无法实现对物流服务全过程的监控和追踪。

8.4.2 运输组织管理创新

（1）优化运输组织模式。

以市场为导向，因地制宜，引导运输企业加快组织、经营、运力结构的调整，创新发展多式联运、甩挂运输、无车承运、“三车组合”等先进货运组织方式和运输组织模式，扩大有效供给，促进货运物流业“降本增效”，真正实现货畅其流。

（2）发展定制化服务的运输新模式。

探索差别化和多样化的组织模式，积极推动专业配送模式，促进物流企业转型升级。物流企业可以依托当地产业优势，积极发展农业、工业、商贸服务业等专业化物流组织模式；依托区位优势，积极发展城市配送型、产业基地型、行业分拨型的物流组织模式。鼓励发展即时配送、冷链配送、城乡一体化配送等专业运输配送模式，满足用户对物流多样化、专业化的服务需求。

（3）构建城乡运输服务体系。

探索创新“定时、定点、定线”的农村物流货运班线新模式，发展农批对接、农超对接、直供直销等物流组织新模式。引导物流运输企业与大型连锁超市、农产品批发市场、农资配送中心、专业大户、家庭农场、农民合作社等直接建立业务合作关系，构建产、运、销一体化的物流供应链服务。打通农村物流“下乡与进城”的双向快捷通道，大力提升城乡物流一体化发展水平。依托现有乡镇汽车站、邮政快递服务站、农业合作社等各行业在农村物流发展中的基础设施和优势，加强资源整合共享与合作开发，推进“多站合一”物流节点建设，形成“场站共享、服务同网、货源集中、信息互通”的物流发展新格局，全面推进城乡物流配送体系建设。

（4）发展多种运输方式衔接模式。

加强不同运输组织方式间的融合发展。如要加强公路与铁路、航空、水运等其他运输方式的融合、衔接，建立健全各种运输方式信息资源共享机制，实现公铁、公航、公水等多式联运，满足对物流运输“无缝隙衔接”的服务需求，建设优势互补、共同发展的综合交通运输网络，有效降低运输成本。

（5）加强新技术与物流的深度融合。

充分利用大数据、人工智能等现代信息化技术，积极推动互联网与物流运输组织的融合创新发展。充分发挥“互联网＋”在货物运输转型升级中的引领作用，积极打造货运物流服务平台，加快物流信息资源跨运输方式、跨部门、跨区域的信息互联共享，全面提升货运物流服务品质，破解货运物流实载率低、运输成本高的难题。

8.4.3 典型运输组织新模式

（1）多式联运。

多式联运充分发挥不同运输方式的优势，通过有效的协调配合，实现最优的运输组合、最低的运输成本以及最佳的运输效果，是中长距离运输的最好方式。中国目前已将多式联运作为现代物流发展的主攻方向。某些企业主动融入“互联网＋”，开发建设集装箱海铁联运、公铁联运等物流信息系统，加强与上下游企业和海关、海事等政府部门的信息互联，为多式联运相关方提供开放式、一站式的信息服务，实现在站场设施、运力调配、货源汇集、通关查验等方面的信息共享。《综合运输服务“十三五”发展规划》明确，将推进多式联运加快发展，把发展多式联运作为综合运输服务体系建设的主导战略，着力构建设施高效衔接、枢纽快速转运、信息互联共享、装备标准专业、服务一体对接的多式联运组织体系，重点发展以集装箱、半挂车为标准运载单元的多式联运，推进公铁、公水、铁水、陆空等联运模式有序发展。

（2）无车承运人。

2016 年 3 月，财政部与税务总局发布了《关于全面推开营业税改征增值税试点的通知》，明确了无运输工具承运业务的地位，实现了制度性突破创新。同年10月，交通运输部启动第一批道路货运无车承运人试点企业申报工作。“无车承运人”是指运输经营者以承运人身份与托运人订立运输合同，并承担承运人的责任和义务，然后通过委托实际承运人完成货物运输的新模式。无车承运人依托互联网等技术搭建物流信息平台，对车辆、站场、货源等物流资源进行科学调度，有效提升运输组织效率。通过管理和组织模式的创新，规范市场主体经营行为，有效推进货运物流行业转型升级。随着信息技术与物流活动深度融合，未来无车承运人依托移动互联网对零散运力和货源的整合成为可能，通过信息平台，车辆平均等货时间、空驶率将大幅度降低。今后，即使企业没有运输车辆，也能通过货运网络信息系统来赚钱，可以有效解决公路运输常见的“小散乱”状态。

8.5 智慧物流与人工智能

人工智能将对物流行业发展产生一系列深远影响。如果说互联网的发展构建了地球村，那人工智能的发展正在点亮智慧地球村。党的十八大以来，党中央和国务院将人工智能确立为国家发展战略，中国人工智能快速崛起。作为新一轮产业变革和科技革命的核心驱动力，人工智能正在释放超过历次科技革命的巨大能量，在物流领域快速催生出一大批新产品、新服务、新业态。在人工智能的创新驱动下，自动货物分拣系统、智能配送机器人、无人机无人仓等新技术正引发物流行业新一轮智慧化变革。未来物流行业的竞争将会是人工智能领域的竞争，智慧物流2.0时代正全面开启。

8.5.1 人工智能对物流行业的主要影响

“人工智能+物流”正在进入高速发展期。中国物流行业正面临着如何提升效率的难题，而人工智能技术是帮助物流企业提升效率的关键。在无人驾驶、无人仓储、无人配送、物流机器人等人工智能的前沿领域，菜鸟、京东、苏宁等一批领先企业已经开始开展试验应用，有望与国际电商和物流企业从同一起跑线起步。人工智能通过赋能物流各环节、各领域，实现智能配置物流资源、智能优化物流环节、智能提升物流效率。人工智能在物流行业的主要在以下几个方面对物流行业产生重要影响。

在仓储环节，对于物流企业仓库选址的问题，人工智能能够根据顾客流量与需求、供应商和生产商的地理位置、运输经济性等条件给出最优的选址方案。人工智能可以减少人为因素的干扰，使选址更加精确，是物流企业的运输成本大幅降低，提升企业利润。

在库存管理上，人工智能通过分析用户历史消费数据，准确预测用户不同时间内的用户需求，进而动态调整库存水平，保持企业存货的有序流通，避免企业盲目生产的成本浪费，使得企业始终能够提供高质量的生产服务。

在货物分拣、装卸、搬运环节，物流机器人的应用直接提高了物流系统的效率和效益。例如在货物分拣环节，可通过计算机视觉技术以及智能机器人进行自动识别、分拣和搬运。

在物流配送方面，人工智能通过整合道路交通信息，可以规划出最佳运输路径，物流配送的时效性将逐步提高。随着无人驾驶等技术的成熟，未来的运输将更加快捷和高效。智能快递柜的广泛使用也极大地提高了物流末端配送的效率，大大降低了行业对人力的依赖。未来人工智能还可以通过数据分析优化配送体系，调配无人配送设备。

8.5.2 人工智能在物流行业的具体应用

近年来，货物跟踪定位、无线射频识别、电子数据交换、可视化技术、机器人技术、移动信息服务和位置服务等一批新兴技术在物流行业得到广泛应用。可以预见，物流智能化设备的应用有望在一定程度上缓解“用工荒”“用工贵”等难题。目前，越来越多的仓库采用大型自动化流水线和智能机器人。自动化流水线改变了传统作业模式，把“人找货”变成“货找人”，不但提高了作业效率，还减少了人工投入，提高了一线人员工作效率和降低了工作难度。据测算，采用手动作业的拣货员日均行走里程超过10km，而借助自动化流水线，同样的拣货数量一天行走里程仅1km左右。以下具体介绍了几种物流中常用的智能化设备。

（1）无人仓。

自动化立体仓库，是当前无人仓技术水平较高的形式。自动化立体仓库的主体由货架、巷道式堆垛起重机以及操作系统组成。钢结构的货架是标准尺寸的货位空间，应用计算机和条码技术，巷道堆垛机穿行于货架之间的巷道中，完成存货、取货的工作。

（2）穿梭车。

穿梭车是一种智能机器人，通过计算机控制可以实现自动化放置和运输服务，不同穿梭车之间还可进行通信，实现大规模穿梭车作业防止防撞和拥堵。各大公司纷纷加强对物流未来科技的研发投入。如菜鸟网络研发的仓内智能搬运机器人可以自动驮着拣货车前往指定货架，360 度运行的缓存机器人可以瞬间从 500 个箱位中准确找到包裹，播种机器人可以通过真空吸盘把货品投入消费者的快递箱。申通义乌分拨中心试验 350 个机器人在 $2000m^2$ 的仓库同时作业，1 小时可分拣 18000 个快件。苏宁物流积极开发全自动仓储系统，使用智能仓储机器人，充分利用仓储信息，优化订单管理，大幅提高仓储作业机械化、自动化、信息化和数据化水平。

（3）配送机器人。

配送机器人每次可运送 10 ~ 20 个包裹，可根据目的地自动生成合理的配送路线，在行进途中避让车辆，减速通过缓冲带，绕开障碍物，到达设定停靠点后就会向用户发送短信提醒通知收货，用户则可通过验证或者人脸识别开箱取货。配送机器人还处于发展过程中，需要发展创新智能感知、智能控制、目标识别、避开障碍和自动导航等方面的技术。

（4）无人机快递。

通过利用无线电遥控设备或者自备的程序操纵无人机低空飞行运送包裹，其主要的优点是可以解决偏远地区的配送问题，提高运送效率并减少物流成本，但也会受恶劣天气无法运送的情况，同时也无法保证运输过程中不受到人为破坏。目前还未大规模投入使用。

8.5.3　物流行业拥抱人工智能

人工智能将有效地提升物流行业的效率，已是无可争辩的事实。智慧物流即将高速发展，不仅取决于下游市场的需求，更是智慧物流技术上的挑战，只有不断进行技术革新，才能真正推动智慧物流的发展与普及，从而帮助用户解决问题。人工智能技术的门槛较高，不同于传统的信息化建设，必须具备足够的技术和人才力量。这对于传统物流企业而言，是机遇的同时，更是挑战。相关企业要大力投入资金进行人工智能方面的技术人才发展，针对企业自身的具体业务场景、物流所涉及的各种业务链条，针对具体的目标逐步进行智能物流应用开发。

从总体上看，人工智能解决的是如何在物流流程、操作和管理上实现精益和高效的管理问题。未来智慧物流会从自动化向智能化发展，将有更多物流企业实现全面、准确的数据采集和分析应用，帮助客户提高效率，降低物流成本，并实现整体优化。

8.6 智慧物流与城市“大脑”

随着技术的发展，给机器装上人工智能“大脑”已经很常见。如今，人工智能直接作用于城市管理开始逐渐进入人们的视野。城市“大脑”便是一种重要尝试，自2016年10月城市“大脑”在落地杭州后，苏州、澳门等城市也进行了推广。在各界看来，城市“大脑”将会是未来城市重要的基础设施。

8.6.1 给城市一个智慧“大脑”

一座城市离不开水、电、气、路，它们无限交织，为城市运转提供源源不断的资源。而今，还有一张巨大的无形之网——数据。数据已成为城市最重要的资源之一，城市“大脑”就是对数据进行有效运用，实现城市的科学治理和智慧决策。据了解，城市“大脑”项目于2016年10月正式启动，参与项目公司包括海康威视、大华股份、银江股份、数梦工场、浙大中控、阿里云等。城市“大脑”打通政府部门和企业间的信息关卡，成为城市治理建设的共享数据大平台。城市“大脑”的核心在于采用人工智能技术，对整个城市进行全局实时分析，自动调配公共资源，最终将进化成为能够治理城市的超级人工智能。

未来城市“大脑”将对城市治理发挥非常大的作用。城市“大脑”项目组建设的第一步是将交通、供水、能源等基础设施全部进行数据化，连接分散在城市各个单元的数据资源，打通城市的“神经网络”。能够让数据帮助城市来思考和决策，打造出一座能够自我调节、与人类良性互动的城市。以交通为例，数以百亿计的城市交通管理数据、公共服务数据被集中输入杭州城市“大脑”，通过智能调控全市红绿灯治理交通拥堵。相比人脑，该“大脑”的优势是：全局分析、响应速度快、智能化。并且人工智能拥有人类无法比拟的一个天然强项，它可通过机器学习不断迭代及依靠外部系统插件等进行优化，随着运行时间增加可计算出更“聪明”的方案，处理问题变得越来越顺手。城市大脑基于丰富的数据资源，对城市进行全局的实时分析，高效合理地调配公共资源，有助于完善社会治理，推动城市可持续发展。

8.6.2 城市“大脑”为智慧物流建设添引擎

对一个城市来讲，智慧物流应当放在优先发展的位置。城市居民的生活、生产与建设，时时刻刻都离不开物流。当前物流运作不集约，供需不匹配等问题，使物流成本居高不下，同时现代物流对物流运输时间、运输效率、运输安全性等方面的要求越来越高。在智慧物流的驱动下，基于大数据和物联网，城市“大脑”可以对整个城市物流的各个环节进行动态监控、管理和优化，构建端到端的数字供应链，打造数字、安全、信用的智慧物流中枢体系。城市“大脑”，也因此成为助推智慧物流发展的新引擎。

城市“大脑”的重要优势之一就在于能够充分整合城市不同部门、不同行业的数据和信息。城市“大脑”可以利用物联网技术，整合海关、交通、银行、工商、科技、商务、税务、质检等部门物流信息，建立公路、水路、铁路、航空、邮政等运输物流服务综合信息网络。为物流企业、流通企业、制造企业、行业监管等部门提供信息交换、信息共享服务，建设智慧物流综合信息平台。从而城市“大脑”将分属不同行业、不同企业的国内外物流资源共享，提高综合利用效能。

城市大脑可以借助全球卫星定位（GPS）、运输管理系统（TMS）以及地理信息系统（GIS）三大系统，实现物流线路动态规划、车辆管理、车辆跟踪和绩效管理等一系列功能，大幅提高配送效率，降低配送成本。

城市“大脑”还可以根据司机数据，实时地理位置、车型、车辆状态，历史交易数据，社交数据等，进行指派评估，为货主找到合适的司机。而对于司机来说，城市物流“大脑”同样会对他们进行智能画像，依据他们在平台的运输信息，对数据标签进行分类：专业技能、服务领域、驾驶安全度、活跃区域、行驶里程、服务态度等。城市大脑帮助物流系统更好地服务用户和货主双方，提供个性化的服务。

我们可以期待未来城市“大脑”可以为城市物流建立一个高智商、能决策的智能中枢，去提升物流各环节的效率，打造更加智慧、智能化的物流系统。

8.7 智慧物流与枢纽经济

当前在互联网经济业态不断创新，综合运输和物流枢纽不断发展的支撑下，以城市为载体的枢纽经济发展正呈现出全新的发展格局。国内诸多城市依托独特地理条件、区位条件，创新发展枢纽经济，主动融入全国城市网络建设，提升城市发展能级，增强参与产能协作竞争力，为建设全面体现新发展理念的国家中心城市提供重要支撑。

8.7.1 枢纽经济的形成与发展

枢纽经济是借助经济要素资源聚集平台（交通枢纽、物流枢纽、物流服务平台、金融平台等）对商流、物流、资金流、信息流、客流等进行集聚、扩散、疏导等的规模化产业发展模式，具有高度的供应链、产业链、产业集群化组织特征。通过聚集具有区域辐射能力的经济要素，主要是具有“流”的特征的经济要素，城市经济总量扩张、产业层次跃升、发展地位提升的路径正在发生改变。

目前，中国城市发展枢纽经济的诸多基本条件初步具备，一方面是国家主干综合交通网络基本形成，一般性中心城市均具备承载各种经济流的能力和条件。另一方面，中国全面小康社会建设将带来内需扩张引领的经济流集聚发展，以及“一带一路”倡议实施带动新的国际经济双向辐射经济流的集聚扩张。为此，枢纽经济在未来的发展中将具有基于通道、城市和产业三个层面进行组织的特点，形成不同类型和格局的经济枢纽，经济枢纽的发育必将在空间上重构中国经济版图。

8.7.2 智慧物流助力枢纽经济发展

现代物流具有越来越鲜明的网络化和规模化特征，这决定了要提升特定区域的物流业发展规模和水平，就必须成为物流网络的枢纽节点，以便吸引和承载更多的物流资源，实现物流的规模化发展。

随着“一带一路”倡议的实施，中国打通了陆向辐射通道。比如新疆位于面向中亚和欧洲的前沿位置，在物流产业发展战略上具有面向国内、国际方向的辐射功能，对新疆打造国际化物流枢纽极其有利。特殊的地理优势，可以提升其在“一带一路”倡议实施中的物流枢纽地位，推动新疆成为国内经济和产业向西辐射的物流服务组织中心。而由此带来的物流要素聚集效应，将助力新疆实现物流业的规模化发展。

物流业的规模化发展将营造效率高、成本低、服务优的物流产业发展环境，为特定区域能够充分利用自身资源优势、进行大规模产业发展以及面向国际以及国内输出创造了条件，极易突破当地经济产业低端、小规模发展的瓶颈。尤其是在物流产业要素聚集和供应链环境改善的基础上，特定区域可以发展产业链结构完整、产业集群化发展能力强的优势产业，既提高产业的起步发展质量和水平，又切实提升产品的辐射、服务能力。由此首先需要发挥包括公、铁、水、空、管在内的多种运输方式的优势，立足区域产业基础和物流需求，加快形成集交通运输、仓储配送、流通加工、信息网络等功能于一体的现代物流体系。其次，培育发展第三方物流，提升作为区域性物流枢纽节点的能级，将交通区位优势加快转化为产业发展优势，有效提升其发展、服务能力，实现物流枢纽建设、产业布局发展和枢纽经济培育一体化发展。还可以不断创新城市的交通、物流组织模式，强化国际铁路港、国际航空港的枢纽功能，延伸陆上、空中物流在国际国内的触角，提高枢纽经济发展的业态层次。

8.7.3 典型枢纽经济发展城市

（1）成都。

作为中国典型的内陆城市，成都地理区位独特，经济区位优势突出，是“一带一路”和长江经济带的交会点，是中国拓展向西开放的重要支点，是成渝经济区两核之一，2016 年地区生产总值达到 1.2 万亿元，已成为中国西部地区重要的经济重心。同时，成都正加快建设以国际铁路港、国际航空港、陆上物流服务网络、航空物流服务网络、航空客运服务网络为主的“两港三网”，枢纽网络体系日趋完善。成都正成为内陆枢纽经济崛起的代表。

（2）武汉。

武汉将有望再次扮演内陆枢纽城市，成为要素配置中心。顺丰集团在鄂州建设航空物流枢纽核心区，依托交通枢纽、物流枢纽，转型以后可以对商流、物流、资金流、客流，进行聚集和扩散，形成现代规模化的产业发展方式。过去交通枢纽以沿海城市为主，但现在因为内陆物流成本更低、物流效率更高，内陆城市逐渐成为物流枢纽的首选，中国正在迎来内陆枢纽阶段。武汉将会再次扮演内陆枢纽城市，成为要素配置中心，发展枢纽经济。

（3）郑州。

郑州地处中国地理中心，被称作“火车拉来的城市”，京广、陇海两条铁路大动脉在此交会。如今步入高铁时代，以郑州为中心的“米”字形高铁路网的构建，郑州又晋级为高铁枢纽。最引人瞩目的是国际货运，郑州 34 条全货运航线中，国际航线 29 条，已形成覆盖全球主要经济体的航线网络，每周约 100 架全货机在郑州机场起降。目前，全国唯一实现每周去三班、返三班往返平衡的郑欧班列，已成为“一带一路”重要的物流通道，货源遍布包括日韩在内的欧亚近30个国家和地区。利用交通枢纽优势搞多式联运，物流速度最快、成本最低，是郑欧班列货源充足、越开越密的关键。近年来，郑州的跨境电商一直领跑全国，综合物流成本最低是郑州不可替代的“王牌”。郑州的枢纽优势同样受到国际物流商青睐，成为国际生鲜集散地的趋势明显。郑州正在迎来“枢纽经济”新时代。

总的来说，智慧物流的建设，有利于特定区域和城市集聚物流、商流、信息流、资金流、人才流等产业经济要素，来支撑枢纽经济的发展。另外，通过多个节点物流要素、产业要素聚集，不仅可以最大化做强枢纽经济，而且还可以形成产业联系密切、发展能力强的经济带，整体带动当地经济的快速发展。物流业正在从一个为制造商贸业提供服务的跟随发展角色，逐渐走到前台，依托园区、信息平台的建设，充分发挥各个要素聚集，实现在特定空间的规模化发展，带来特定区域产业快速发展的聚集效应的引领性产业。

9　智慧物流发展战略

9.1　智慧物流战略定位

当前，中国物流业正处于重要的战略机遇期。随着中国产业结构的调整和发展方式的转变，物流业在国民经济中的基础性、战略性地位日益显现，焕发出新的生机和活力。智慧物流以互联网为依托，在物流领域广泛应用物联网、大数据、云计算、人工智能等新一代信息技术与设备，通过互联网与物流业的深度融合，实现物流产业智能化，提升物流运作效率和服务水平。智慧物流是《中国制造2025》的核心组成部分，是提升中国制造发展质量和水平的重要举措，是实现中华民族伟大复兴的必然选择。

9.2　智慧物流战略目标

云计算、大数据、“互联网+”等先进技术在物流领域广泛应用，物流智能化水平明显提升，物流效率显著提高，物流成本进一步下降；物流技术标准进一步规范，关键技术研发及应用取得突破；智慧物流成为行业发展的新动力，与智慧物流发展相适应的行业管理政策基本建立；基本形成覆盖中国重点产业的智慧供应链体系；智慧物流在促进降本增效、供需匹配和产业转型升级中的作用显著增强，成为供给侧结构性改革的重要支撑。

9.3 智慧物流发展战略任务

9.3.1 发展高效便捷的智慧物流新模式

（1）推进物流各环节的智慧化。

智慧物流正在推动传统物流模式变革，这种变革不完全来自于技术，流程再造或组织模式重构都可能极大地推动物流智慧化过程。依托云计算和大数据分析，积极推进包括智慧车货匹配、智慧运力优化、智慧仓储、智慧配送、智慧供应链管理等物流新模式的研究及推广应用；鼓励企业积极探索新的物流服务模式；推动“互联网+物流”在龙头企业中的应用。以构建智慧物流城市、智慧物流企业和智慧物流园区三大示范工程为载体，以智慧物流技术应用带动模式创新和产业发展，支持一批物流信息服务平台企业、智慧型物流企业做大、做强。

（2）成立技术联盟协调共享发展。

通过成立相关智慧物流技术联盟，搭建起政府、高校、科研院所和企业之间合作平台，整合相关企业的技术资源，共同开展基于现代物流技术的联合开发与应用，从而提升物流企业的技术实力，解决一批制约物流企业发展的共性的技术难题。同时，通过联盟实现协同共享，依托智慧物流协同共享理念，打破企业边界和信息不对称问题，实现对整个物流资源，特别是闲置资源的充分利用。通过成立联盟，不断提升物流业自主创新能力，创新商业模式，探索新型联合发展模式。

（3）积极发展共享物流。

物流是一个渗透性强的行业，具有跨部门、跨行业、跨区域的特征，要加大力度发展共同配送、托盘循环共用、周转箱循环共用、电商共享云仓储等，跨部门、跨行业、跨区域共享配送、仓储、设备、信息、技术等资源，促进物流系统效率提升。加快发展托盘标准化试点工作，实现物流上下游共享托盘资源，建立共享物流发展机制，推动共享物流向纵深发展，实现资源共享，优化资源配置，提升物流效率。适应需求碎片化趋势，正确认识各种新兴运输服务业态对经济社会的价值贡献，在鼓励和支持创新的同时，正确引导市场规范有序发展。建立市场运行动态监测机制和风险评估机制，及时调整政策，防范社会风险。

（4）加快无车承运物流创新发展。

建立健全无车承运人在信息共享、运输组织、运营服务等方面的标准规范，推动大数据、云计算等先进技术在物流领域的广泛应用，培育一批理念创新、运作高效、服务规范、竞争力强的无车承运人，引导货运物流行业的规模化、集约化、规范化发展。引导试点企业建立无车承运业务相关操作规范，科学设计业务流程，形成物流资源组织调度、实际承运人监管、单证交接等环节的规范化管理。鼓励试点企业拓展业务范围，加强与铁路、港口、民航等企业的合作，通过物流信息平台的互联互通以及在信息资源、服务规范、作业流程等方面的有效对接，开展公铁、公水和陆空联运，支持企业通过甩挂运输、共同配送等先进运输组织方式提升组织效率。

（5）推进多式联运发展。

依托先进技术，从全运输链条角度对多式联运各环节统筹衔接：完善基础设施网络，畅通转运微循环系统，强化服务规则衔接，健全法规标准体系，夯实发展基础，提升支撑保障能力；推广先进运输组织形式，深化铁路和货运价格改革，培育多式联运经营企业，丰富联运服务产品，深化行业改革，创新运输服务模式；实现行业信息共享，推广标准化运载单元，加强专业化联运设备研发，推动信息共享，加快装备技术进步；统筹国际联运有序发展，优化口岸通关监管模式，深化国际运输交流合作，深化对外合作，拓展国际联运市场。

9.3.2 推动智慧物流向智慧供应链延伸

物流是供应链的一部分，智慧物流一定要向“智慧供应链”延伸，通过信息技术，实施商流、物流、信息流、资金流的一体化运作，使市场、行业、企业、个人联结在一起，实现智能化管理与智能化生活。

积极延伸服务链条，有效引导生产模式适应消费者和客户个性化、多样化升级需求，推动物流业与上下游企业战略合作，构建协同共享的物流生态圈。智慧物流要与互联网深化融合，以智能技术倒逼产业链各环节强化供应链协同，打造智能协同的智慧供应链体系。

按照国务院办公厅发布的《关于积极推进供应链创新与应用的指导意见》，全面部署现代供应链发展工作。鼓励物流企业依托互联网向供应链上下游提供延伸服务，推进物流与制造、商贸、金融等产业互动融合、协同发展。支持供应链管理综合服务商建设智慧供应链管理服务体系，发展适应“互联网+”大规模定制的智能集成式物流模式，面向小批量、多品类、快速生产、快速交货和连续补货等新需求，提供物流服务解决方案。智慧物流通过链接升级、数据升级、模式升级、体验升级、智能升级、绿色升级，将全面助推供应链升级，深刻影响社会生产和流通方式，促进产业结构调整和动能转换，推进供给侧结构性改革。

9.3.3 夯实智慧物流发展基础

(1) 推进联程联运系统建设。

随着智慧物流的发展，作为物流基础设施的铁路、公路、航空港、海港、物流园区等，彼此之间的有效衔接变得越来越重要。把联程联运系统建设提升为国家战略层面，使之成为具体实施综合交通运输体系建设的主要抓手。加快推进综合运输枢纽和多式联运专业化站场设施建设，提升零距离换乘和无缝衔接的服务功能。大力发展“一票制”货物多式联运，通过智能化技术手段推进各种运输方式互联互通。组织开展联程联运试点示范工程建设。统筹公路、铁路、水路、管道等各种运输方式之间的有效衔接，大力推进公铁联运、铁水联运、甩挂运输、托盘运输等重来重去、快进快出运输方式，减少物流环节，优化运输结构，降低污染排放，打造便捷高效的绿色物流体系。

(2) 推进物流基础网络设施建设。

深入推进交通与物流融合发展，完善物流基础设施规划布局，保障物流基础设施建设用地，建设一批具有多式联运功能、支撑区域经济发展的综合物流枢纽，促进多种运输方式无缝对接、各类物流园区互联互通，完善城市末端物流微循环，打造布局合理、衔接一体、功能齐全、绿色高效的物流基础设施网络体系。

(3) 加快智能化技术装备研发。

智慧物流的发展前提是智能化基础设施的广泛投入。发展基础期应以智慧物流基础设施建设为主，包括设施设备的机械化、自动化和标准化，以及互联网、云计算、大数据、物联网、智能终端、智能仓库等在内的基础设施建设和推广应用，为智慧物流发展创造基础条件。鼓励企业在仓储、分拣、包装、配送等各环节采用先进适用的物流装备设施，提高作业自动化水平；推进无人仓、无人车、无人机等高端科技产品的研发及推广应用。积极推进物联网、云计算、大数据等新技术应用。重点支持电子标识、自动识别、信息交换、智能交通、物流经营管理、移动信息服务、可视化服务和位置服务等先进适用技术的应用。积极推进物流企业物流管理信息化，运用企业资源计划（ERP）和供应链管理（SCM）技术，促进信息技术在物流领域的推广应用。建立物流技术创新体制；鼓励企业技术改造和新技术研发推广，支持对重点领域关键技术的联合攻关。

(4) 升级物流信息平台的开发和应用。

建设物流公共信息平台工程，通过加强建设面向不同层次和不同对象的智能化物流公共信息平台，有效形成集物流信息发布、在线交易、数据交换、跟踪追溯、金融服务、智能分析、信用评价等功能为一体的物流信息服务中心。推动平台之间数据对接、信息互联，促进互通省际、下达市县、兼顾乡村的物流信息共享，实现物流活动全程监测预警、实时跟踪查询。鼓励物流龙头企业搭建面向中小物流企业的物流信息服务平台，促进货源、车（船）源和物流服务等信息的高效匹配，有效降低运输载具空驶率，为优化社会物流资源配置提供平台支撑。鼓励中小企业积极开发或者接入各类物流信息平台，提高企业的信息化水平。充分挖掘移动互联网时代大数据、云计算的市场潜力，强化跨行业、跨部门、跨区域的交通运输基础信息资源的大范围整合，促进互联互通和共享开发，增强国家物流公共信息平台的服务功能，建设行业数据交换节点，开发物流运行分析服务产品。

9.3.4 推进行业技术标准规范化建设

智慧物流是建立在物流信息标准化基础之上的，这就要求在编码、数据接口、电子数据交换等相关代码方面实现标准化，消除不同企业之间的信息沟通障碍。目前，由于缺乏信息的基础标准，不同信息系统的接口成为制约信息化发展的瓶颈，很多物流信息平台和信息系统遵循各自制定的规范，导致企业间、平台间、组织间很难实现信息交换与共享，“各自为政、圈地服务”的情况比较普遍，无法实现智慧应用和信息共享，整个电子化物流网络之间难以做到兼容。

智慧物流发展推动了综合性标准化的制定，同时对综合性标准提出的要求集中在融合性、综合性、集成性的标准编制。近年来，交通运输部主办的“国家交通物流信息平台”对智慧物流标准体系的建立起到重大作用，同时全国物流信息化管理标准化技术委员会推动了自动识别、条码、二维码等相关标准的创新，北京起重运输机械研究院特种设备委员会建立了全自动化立体库等相关标准。大数据、物联网、云计算等各技术领域在物流行业应用中均会推动这些信息技术在物流业应用的标准创新。智慧物流标准体系正在建设之中。要继续推进物流基础标准、业务标准和相关标准的建设工作。

制（修）订一批物流标准，提高生产、采购、销售、回收等供应链各环节标准的协调性，推动产业融合发展，保障物流服务高效便捷。鼓励企业、社团组织积极参与物流标准化工作，促进国家标准、行业标准、团体标准协同发展。推进托盘及仓储配送等物流设施设备的标准化改造和衔接。建立全程冷链物流标准体系，适应消费升级需求，推动冷链物流发展。推进电子商务物流标准化，建立覆盖仓储、运输、包装、配送等全链条的电子智慧物流服务体系。

建立健全物流数据采集、管理、开放、应用等相关标准规范，重点完善包装、托盘、周转箱、货品编码等标准。加强基础共性标准、关键技术标准和重点应用标准研究，制（修）订一批行业亟须的企业间物流信息交互标准以及物流公共信息平台应用开发、通用接口、数据传输等标准，并加强推广应用。

9.3.5 扶持物流龙头企业发展智慧物流

选择基础条件好，示范引领性强的的龙头企业大力发展智慧物流，在全国范围内力争形成100家智慧物流示范企业。

通过制定扶持政策引导龙头企业进行整合、创新，通过实施先进物流项目引导物流企业发展方向；加快推进物流企业信息化建设，鼓励物流企业购置或自主开发信息管理系统，搭建与生产制造企业、商贸流通企业信息整合平台；鼓励物流企业信息技术的研发和集成创新，加快射频识别（RFID）、全球定位系统、地理信息系统等物联网高端信息技术的推广与应用；鼓励企业积极探索新的物流服务模式；推动“互联网+物流”在龙头企业中的应用。

9.3.6 推进建设示范智慧物流园区

物流园区是现代物流系统的重要组成部分，是“智慧物流”的重要载体，重点选择具备较为完善的互联网物流信息平台和与开展业务相适应的智能化作业处理能力的物流园区，力争在全国范围内形成100个智慧物流园区。

国家赋予物流园区的责任与功能，实际上已经明确了它可以成为智慧物流的抓手。《全国物流园区发展规划（2013—2020年）》反复强调了作为智慧物流要素的物流资源的整合，强调了智慧物流设施与技术、物流信息平台、物流金融服务平台等相关智慧物流要素的构建、推广与应用，物流园区将成为物品、信息、物质、资金交流的“大舞台”，完全可以承担“抓手”的重任。以“网上交易、业务管理、商务协同”为核心，面向物流产业链，整合上游货运厂商、下游物流公司客户，以全程电子商务平台为载体，融入电子商务交易、大屏幕货运信息交易、园区物业管理系统、园区公共服务管理系统、智能停车场、智能一卡通等业务模块，有效提供物流产业链的全程服务，全面提升园区价值及竞争力。智慧物流园区依托全程物流电子商务平台，园区与平台双向协调，园区与园区信息共享，以“平台构造节点化、园区管理智能化、业务服务全程化、行业效益长远化”为核心，建设为有物流处理能力的高效智慧节点，是云物流的强力保障。

10 中国智慧物流发展展望

10.1 提高智慧物流认识

智慧物流是解决物流行业效率低、成本高的必由之路，随着新技术、新模式、新业态不断涌现，智慧物流逐步成为促进物流业发展的新动力，也为经济结构优化升级和提质增效注入了强大动力。

（1）从贯彻新发展理念的角度去认识智慧物流。

智慧物流具有创新、协同、共赢、开放、绿色等特征，加快发展智慧物流，有利于加速产业融合、深化社会分工、提高集成创新能力，有利于建立物流生态链合作共赢的协同发展机制，有利于中国加快转变经济发展方式、实施创新驱动战略，推进新型工业化、信息化、城镇化、农业现代化。

（2）从深化供给侧结构性改革的角度去认识智慧物流。

智慧物流通过先进技术和物流产业的有效融合，促进产业跨界和协同发展，优化物流产业结构，推动了物流行业供给结构性改革，全面提高服务质量，促进行业转型升级发展。

（3）从促进《中国制造 2025》、智慧城市发展的角度去认识智慧物流。

智慧物流不仅是《中国制造 2025》、智慧城市的重要组成部分，也是其发展的重要基石，必须站在国家战略布局的角度去推动智慧物流的发展。

（4）从全球与公共视野去认识智慧物流。

全球视野是要把智慧物流放进全世界去观察、去研究，智慧物流是智慧地球、智慧城市的重要组成和有力支撑，研究和发展智慧物流要对标国际。公共视野是说智慧物流着眼于公共利益，而不是单个企业为了追求利润而能实施的，智慧物流要发挥整体优势，要打破条块分割、地区封锁，树立全国、全行业一盘棋的思想。

10.2 加强智慧物流人才培养

物流行业属于服务业，人是服务行业的核心，物流人才培养应与行业发展同步。

（1）积极完善专业人才的培养机制。

加强智慧物流智库建设，充分发挥高校、科研机构、协会、企业等多方作用，推进现代物流体系人才队伍建设。完善激励机制，培养一批物流新技术、新设备研发应用领军人才和技术带头人。加大核心管理和技术研发岗位的复合型人才引进和培养力度，促进物联网、云计算、信息技术服务等领域的高级人才向智慧物流管理和运营方面的转型，促进人才的合理流动与优化配置。

（2）多渠道培养创新型物流人才。

创新人才培养模式，依托高等院校和培训机构，使物流教育与行业发展同步，加强核心技术研发人才培养与创新团队建设，培养企业真正急需的人才。国家相关部门还要出台相关政策措施，着眼于长远，加大人才培养、引进、使用等环节的政策扶持力度，整合高校、科研院所、软件企业等各种机构资源，通过多种渠道重点培养创新型、管理型、高技能型的人才，为智慧物流发展提供智力支持。要借鉴先进国家的经验，不断完善吸引国外物流专业人才的机制，建立人才激励机制，加大高端人才引进力度，有针对性地引进物联网、云计算、信息技术服务、智慧物流管理等领域的高端人才，进一步完善人才服务的市场机制，促进人才的合理流动与优化配置。

（3）畅通物流人才引进通道。

通过“引进来”“送出去”等方式，拓宽人才获取途径：第一，畅通物流人才引进通道，引进高层次、高技能、通晓国际同行规则和熟悉现代管理的高级物流业人才；第二，有条件的地方可以输送人员到国外实习培训；第三，建立健全人才评估体系和激励机制，创造各类人才充分施展才干的良好环境。

10.3 完善智慧物流发展政策

物流政策是物流业的行动准则，通过引导、激励和干预等手段合理应用物流政策可以促进物流业健康发展，使其与国民经济发展水平相适应。近几年来，中国陆陆续续出台了一系列关于物流业发展的政策，虽然取得了一定的成效，但若要尽早实现智慧物流国家的目标，就必须构建和完善现有的物流业政策体系。

（1）基础支持政策。

落实税收优惠政策，结合全面推开营改增试点，落实好无车承运人缴纳增值税政策，研究完善交通运输业个体纳税人异地代开增值税专业发票管理制度。统一物流业各环节增值税税率，设立“综合物流服务”税目。允许物流企业集团统一纳税，实行企业所得税总分机构统一进行申报缴纳。落实物流行业税负只减不增政策，允许物流企业和互联网平台代开发票，解决物流企业增值税进项抵扣不足问题。保障物流用地政策，进一步落实支持智慧物流业发展用地政策，对符合土地利用总体规划要求的智慧物流设施建设项目，加快用地审批进度，保障项目依法依规用地。加强金融支持政策，加大对智能仓储、物流云、网、端等应用基础设施以及物流标准化信息化等项目的财政支持力度。并进一步完善资本市场，探索有助于物流金融的投融资模式，推动民间资本的积极参与，引导资本、人才向智慧物流领域流动。

（2）技术进步政策。

增加政府对智慧物流技术的研发投入，智慧物流软硬件投资成本巨大，成为物流企业发展智慧物流的障碍，因此，实现智慧物流的快速发展和普及，需要政府加大对智慧物流软硬件资源领域的研发投入，显著提高智能物流设备研发投入所占的比例。支持建立知识产权服务机制，加大技术创新成果保护力度，推动知识产权共享。加强产学研结合，建立长期稳定的产学研合作方式，落实产学研相结合的创新体系。加快转换科研成果，鼓励与市场需要相联系的应用性研究和技术研究，提高科研人员开展自主创新和科研成果转化的积极性。

（3）新兴业态支持政策。

加强研究无人驾驶、无人机、人工智能等新兴领域的监管政策。政府对智慧物流这种新兴业态应包容监管，鼓励创业创新发展的优惠政策面向新兴业态企业开放，推动政府部门带头购买新兴业态企业产品和服务，并不断完善适应新就业形态特点的用工和社保等制度。为新兴业态发展创造更加宽松、平等的市场环境，以更大范围的市场开放和业态创新，有效发挥新兴业态带来的社会福利增长效应。

10.4 建设智慧物流互联互通体系

（1）构建互联互通的智慧物流云平台。

加快构建以政府引导、行业参与、企业主体、公益和市场手段并举的模式，构建互联互通的智慧物流云平台。通过资源优化、平台整合，构建全国性、区域性的智慧物流公共信息平台，实现企业间、产业间物流的互联互通。应用云计算技术、物联网技术，采用高端服务器、三网融合及 GPS/GRS 等智能设备终端，整合运输、仓储、金融、配送、货运代理等社会物流资源，服务于物流业和工商业两大核心主体，成为集政府监管、全程在线交易及跟踪、在线支付、信息发布、物流交易、产品展示、推广营销、互动交流、系统及设备终端应用为一体的互联互通平台。

（2）完善物流互联互通标准。

健全中国物流信息标准体系，提高物流企业的智慧程度，加快建立统一的物流信息标准，实现不同企业间、企业与供应链间的物流信息的共享。加快物流技术、装备、流程、服务、安全等标准制（修）订工作，建立健全物流数据采集、管理、开放、应用等相关标准规范，重点完善包装、托盘、周转箱、货品编码等标准。加强基础共性标准、关键技术标准和重点应用标准研究，制（修）订一批行业急需的企业间物流信息交互标准以及物流公共信息平台应用开发、通用接口、数据传输等标准，并加强推广应用。

（3）引导物流活动数据化。

加快物流企业信息化建设，通过电子化、数据化方式采集物流交易和物流活动信息，推广应用电子面单、电子合同等数据化物流活动信息载体，促进物流活动和物流交易传统模式革新。

（4）推动物流数据开放化。

研究制定政府物流数据开放目录，规范数据开放的具体方式、内容、对象等。促进公安、海关、质检、港口、铁路、路政、工商、税务等部门信息共享，推动公路、铁路、水运、航空等不同交通运输方式之间的信息衔接。引导行业协会、公共服务和科研机构等采集和分析物流运行数据，支持公共服务机构、大型企业针对社会化物流需求提供基于物联网、云计算、大数据的各类应用服务。探索制定物流数据商业化服务规则。

10.5 发挥行业协会的促进作用

智慧物流产业横跨各个产业部门，纵贯各个物流环节，要使智慧物流协调快速发展，需要发挥行业协会的作用。行业协会在制定标准规范、开展行业研究、加强成员交流，开展示范评选等方面发挥重要作用。

（1）在制定标准规范中发挥作用。

发挥行业协会熟悉行业、贴近企业优势，根据智慧物流的重点领域，加强工作调研，研究制定相关物流标准规范，加快其应用推广，并跟踪服务，及时解决标准实施规范实施中的问题。

（2）在行业研究和成员交流中发挥作用。

行业协会作为联结政府和企业的桥梁和纽带，要通过研讨、论坛等形式让政府、企业等成员之间形成“交互作用”，互相之间取长补短。要加强高端技术研究，及时推广典型案例和经验，引导全行业提高智慧物流的认识，充分调动企业积极性，发挥企业主体作用。推广多种形式的智慧竞赛及科普活动，提升社会对智慧物流的认知度。

（3）在编制智慧物流指数中发挥作用。

智慧物流还处于起步阶段，要充分发挥协会的智库作用，研究编制智慧物流指数，并在其框架下研究编制智慧园区指数、智慧企业指数、智慧仓储指数等子系统，定期发布相关指数。

（4）在示范引领中发挥作用。

研究制订百家智慧物流园区和百家智慧物流企业评选方案，发挥先进企业示范引领作用，促进智慧物流技术创新和成果共享。

参考文献

[1] 何黎明. 中国智慧物流发展趋势 [J]. 中国流通经济, 2017, 31 (6): 3-7.

[2] 王欣悦. 中国智慧物流发展问题及对策研究 [J]. 铁道运输与经济, 2017, 39 (4): 37-41.

[3] 王楠楠, 汪鸣. 以通道和枢纽建设为产业布局铺路 [J]. 交通建设与管理, 2014 (9): 52.

[4] 张宇. 智慧物流与供应链 [M]. 北京: 中国工信出版集团, 电子工业出版社, 2016.

[5] 国家发展和改革委员会经济贸易司. 示范物流园区创新发展报告 [M]. 北京: 中国财富出版社, 2017.

[6] 李向文, 杨健. 物流园区信息平台建设与信息化管理 [M]. 北京: 清华大学出版社, 2015.

[7] 唐辉. 物流公共信息平台标准体系解析 [M]. 北京: 中国工信出版集团, 电子工业出版社, 2016.

[8] 王先庆, 李征坤, 刘芳栋, 等. 互联网+智慧物流 [M]. 北京: 中国工信出版集团, 电子工业出版社, 2016.

[9] 林玲玲. 供应链管理 [M]. 北京: 清华大学出版社, 2004.

[10] 翟笃风. 服务于第四方物流企业的智慧型供应链构建研究 [D]. 宁波: 宁波大学, 2011.

[11] 李远远. 智慧物流信息平台规划研究 [J]. 学术论坛, 2013, 36 (5): 140-143.

［12］汪鸣. 现代物流理念下的运输发展理论创新问题［J］. 北京交通大学学报（社会科学版），2003，2（2）：1－5.

［13］颜彭莉. "城市数据大脑"可治城市病?［J］. 环境经济，2016（z9）：79－81.

［14］马静，唐四元，王涛. 物联网基础教程［M］. 北京：清华大学出版社，2012：260－261.

［15］马荣飞. 物流园区信息平台规划与设计［J］. 现代计算机，2014（8）.

［16］何黎明. 中国物流园区［M］. 北京：中国物资出版社，2009.

［17］孙懿. 智慧物流发展蹄疾步稳［N］. 人民日报海外版，2017－04－07（06）.

［18］章合杰. 智慧物流的基本内涵和实施框架研究［J］. 商场现代化，2011（23）：44－46.

［19］周璐菡. 人工智能技术助跑智慧物流［J］. 新经济导刊，2017（11）：66－70.

［20］FLINT D J，LARSSON E，GAMMELGAARD B，et al. Logistics innovation：a customer value－oriented social process［J］. Journal of Business Logistics，2005，26（1）：113－147.

［21］CHOW H K H，CHOY K L，LEE W B，et al. Integration of web－based and RFID technology in visualizing logistics operations－a case study［J］. Supply Chain Management：An International Journal，2007，12（3）：221－234.

［22］SMITH C D，MENTZER J T. User influence on the relationship between forecast accuracy，application and logistics performance［J］. Journal of Business Logistics，2010，31（1）：159－177.

［23］PIECYK M I，BJÖRKLUND M. Logistics service providers and corporate social responsibility：sustainability reporting in the logistics industry［J］. International Journal of Physical Distribution & Logistics Management，2015，45（5）：459－485.

[24] CHEN S, WANG C, OU S M. The key success factors of developing intelligent logistics within pharmaceutical industry in fujian free trade area [C] // Green Informatics (ICGI), 2017 International Conference on. IEEE, 2017: 149-154.

[25] MCFARLANE D, GIANNIKAS V, LU W. Intelligent logistics: Involving the customer [J]. Computers in Industry, 2016, 81: 105-115.

[26] GUO Y, QU J. Study on intelligent logistics management information system Based on IOT and cloud computation in big data era [J]. Open Cybernetics & Systemics Journal, 2015, 9 (1): 934-941.

[27] GRAHAM G, MEHMOOD R, COLES E. Exploring future cityscapes through urban logistics prototyping: A technical viewpoint [J]. Supply Chain Management: An International Journal, 2015, 20 (3): 341-352.